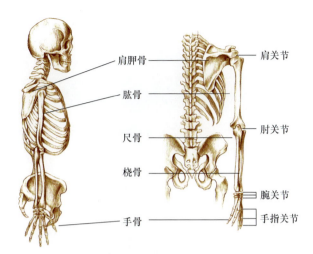

图 2-1　人体上肢骨

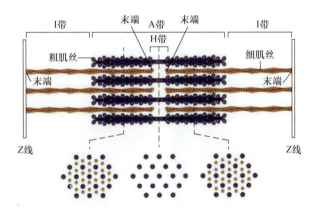

图 2-3　肌节

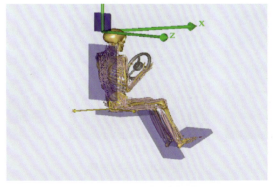

图 4-2　驾驶人转向操纵动作骨肌模型

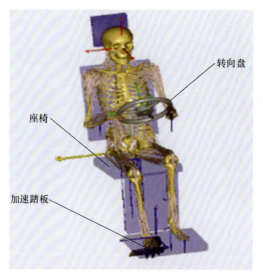

图 4-11 人体-座椅-转向盘-加速踏板仿真模型

a) A商用车

b) B商用车

c) C商用车

d) D商用车

e) E商用车

图 4-20 试验车辆

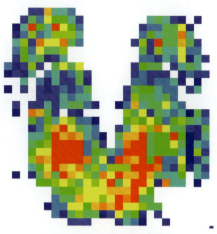

图 5-3 座椅坐垫体压云图

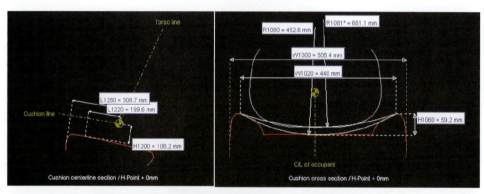

图 5-4 座椅模型坐垫的纵截面（左）和横截面尺寸（右）

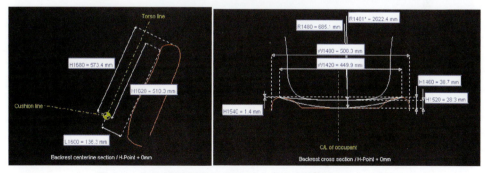

图 5-5 座椅模型靠背的纵截面（左）和横截面尺寸（右）

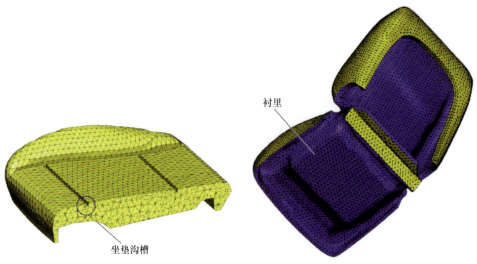

图 5-8 发泡块的网格划分

图 5-9 蒙皮的网格划分

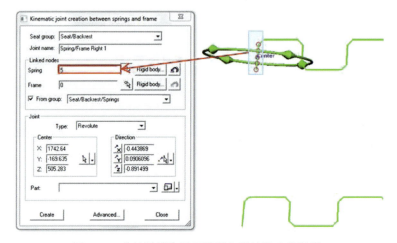

图 5-10 座椅弹簧和骨架模型之间的运动节设置

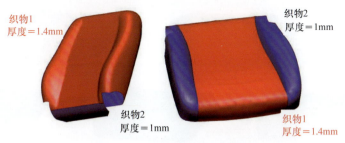

图 5-12 座椅蒙皮的材料属性

图 5-13 移动后的驾驶人和座椅模型的相对位置

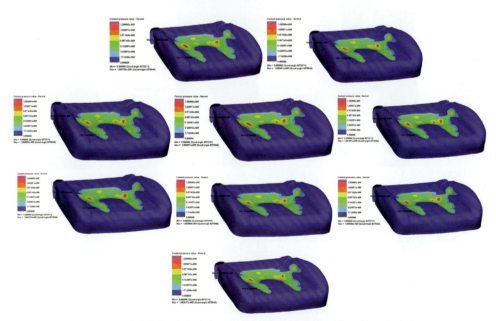

图 5-17 50百分位驾驶人乘坐于各发泡密度座椅模型的坐垫压力分布云图

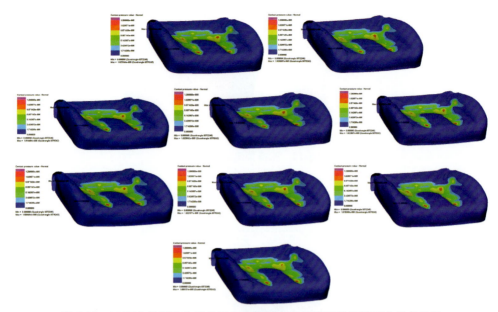

图 5-18　95 百分位驾驶人乘坐于各发泡密度座椅模型的坐垫压力分布云图

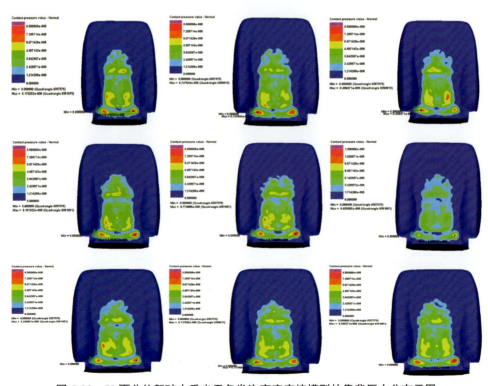

图 5-20　50 百分位驾驶人乘坐于各发泡密度座椅模型的靠背压力分布云图

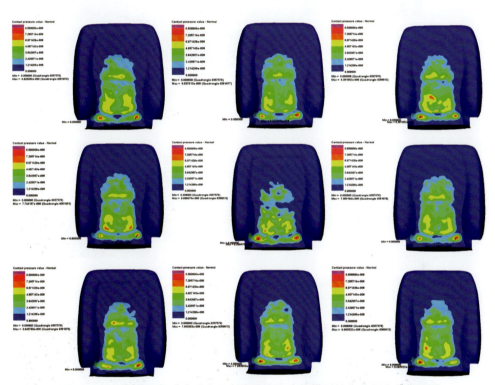

图 5-21　95 百分位驾驶人乘坐于各发泡密度座椅模型的靠背压力分布云图

表 5-23 MVC 标定测试示意图

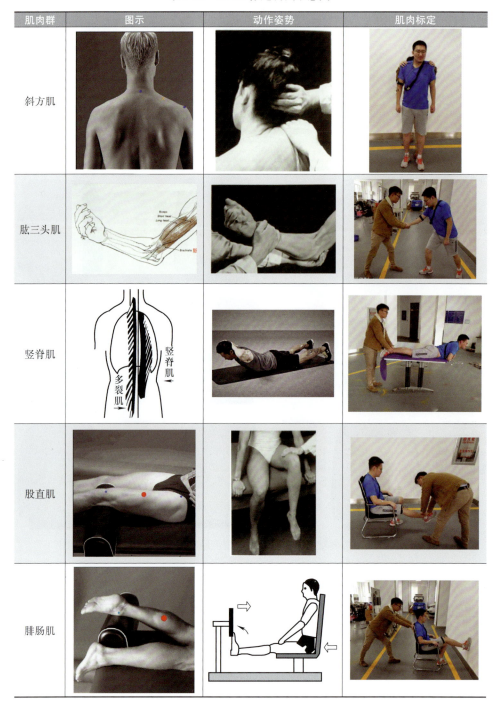

```
                    ┌─────────────────────────────────────┐
                    │  高舒适性汽车座椅的正向数字化开发流程  │
                    └─────────────────────────────────────┘
                                      ↓
                         ┌──────────────────────┐
                         │    座椅乘坐舒适性性能    │
                         └──────────────────────┘
                                      ↓
```

| 座椅柔软性 | 座椅贴合性 | 座椅支承性 | 转弯时人体姿态保持性 | 座椅振动吸收性 | 长途驾驶抗疲劳性 |

 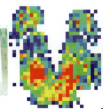   

| 最大压力平均压力 | 接触面积 | 体压云图体压特征值 | 体压云图压力不对称系数 | 加权加速度均方根 | 肌肉激活度 |

座椅静态乘坐舒适性　　　　　　　　　座椅动态乘坐舒适性

- 体压分布符合人体生理体征
- 坐垫以坐骨结节为中心向外逐渐减小
- 靠背符号三点支承原则

- 转弯时具有良好的人体姿态保持性(压力不对称系数趋于零)
- 具有较好的人体姿态保持性(加权加速度均方根值小于0.315)
- 具有良好的长途驾驶抗疲劳性(肌肉激活程度小，无酸痛感)

车辆驾乘人员主观感知的乘坐舒适性
↓
座椅的乘坐舒适性

图 5-23　高舒适性汽车座椅的正向数字化开发流程

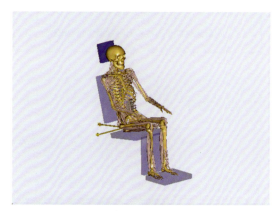

图 6-8　座椅模型及人体骨肌模型

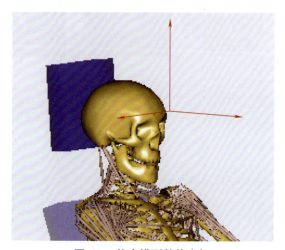

图 6-9　仿真模型整体坐标

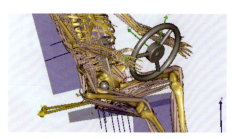

图 6-10　模型中的 H 点位置

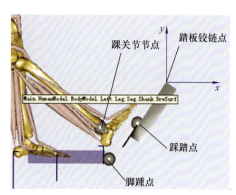

图 6-11　人体模型中的鞋子模型

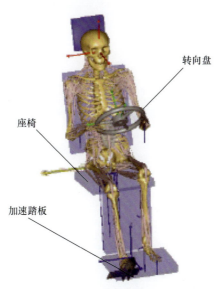

图 6-12 人体 – 座椅 – 转向盘 – 加速踏板仿真模型

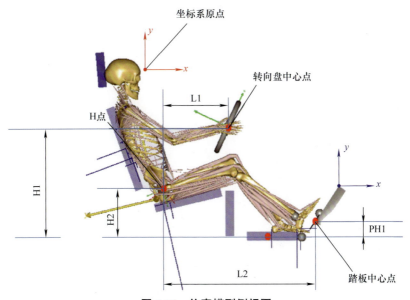

图 6-13 仿真模型侧视图

图 6-14 仿真模型主视图

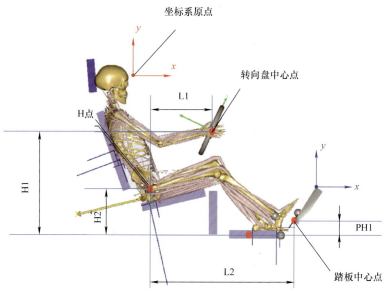

图 6-15 参数调整后的仿真模型

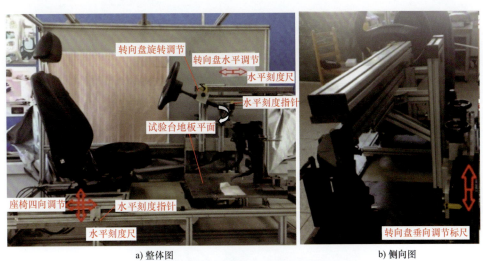

a) 整体图　　　　　　　　　　　　b) 侧向图

图 6-25　六自由度柔性试验台架

图 6-27　加速踏板倾角测量方法

图 6-28　安装好的 H 点装置

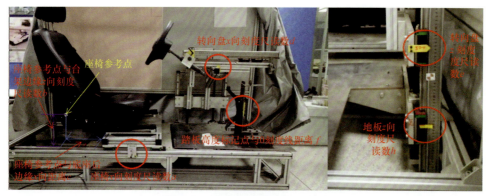

图 6-29 试验台记录读数示意图

图 6-30 三坐标扫描仪扫描试验台架

图 6-31 台架三维扫描示意图

图 6-32 静态驾驶测试过程

汽车技术创新与研究系列丛书

# 汽车人机工程——基于驾乘人员生理特性的设计方法及应用

高振海 胡宏宇 高 菲 著

本书从汽车驾乘人员生理特性出发，讲述汽车人机交互设计方法及应用。本书共分6章，主要内容包括汽车人机工程介绍、人体测量与生物力学、中国驾驶人人体体征基础数据采集分析、考虑驾驶人肌电特性的手脚操纵部件性能评价、考虑人体骨肌生理特性的汽车座椅乘坐舒适性评价方法和面向驾驶人躯体舒适性的驾乘姿态设计与评价。本书适合汽车智能座舱设计人员、汽车人机工程技术人员、汽车设计工程师阅读使用，也适合大专院校车辆工程专业师生阅读参考。

## 图书在版编目（CIP）数据

汽车人机工程：基于驾乘人员生理特性的设计方法及应用/高振海，胡宏宇，高菲著. —北京：机械工业出版社，2021.8
（汽车技术创新与研究系列丛书）
ISBN 978-7-111-68891-4

Ⅰ.①汽⋯ Ⅱ.①高⋯ ②胡⋯ ③高⋯ Ⅲ.①汽车工程－工效学 Ⅳ.①U461

中国版本图书馆 CIP 数据核字（2021）第 157900 号

机械工业出版社（北京市百万庄大街22号　邮政编码100037）
策划编辑：孙　鹏　责任编辑：孙　鹏
责任校对：潘　蕊　责任印制：郜　敏
盛通（廊坊）出版物印刷有限公司印刷
2022年2月第1版第1次印刷
169mm×239mm・9.75印张・10插页・190千字
0 001—1 900 册
标准书号：ISBN 978-7-111-68891-4
定价：139.00元

电话服务　　　　　　　　网络服务
客服电话：010－88361066　机 工 官 网：www.cmpbook.com
　　　　　010－88379833　机 工 官 博：weibo.com/cmp1952
　　　　　010－68326294　金　书　网：www.golden-book.com
封底无防伪标均为盗版　　机工教育服务网：www.cmpedu.com

# 前言
## PREFACE

  良好的汽车人机交互是保证车辆功能性、安全性、舒适性、便捷性、愉悦性的基础，是提升汽车产品品质、驾乘体验感及品牌竞争力的关键因素，也是国际汽车工程领域研究的前沿热点问题。

  经过多年的发展，我国整车厂已经拥有了丰富的主观评价实验规范并积累了大量的调校经验，可以利用评车师的心理主观感觉打分评价人机操纵的便捷舒适性能。但同时在实际工程实践中也发现汽车人机交互技术本地化开发缺乏基础数据支撑，尤其是缺乏涉及人体测量学、生物力学、心理生理学等多学科基础理论。

  为此，本书以人机工程学为理论基础，以优化良好人机性能和人机相宜性为目标，将作者长期开展的驾驶人骨肌运动控制及其生物电仿真与实测研究推广应用于人机交互设计上，重点围绕基于驾乘人员生理特性的汽车人机交互设计方法及应用开展研究。本书的章节安排如下：第1章，汽车人机工程介绍；第2章，人体测量与生物力学；第3章，中国驾驶人人体体征基础数据采集分析；第4章，考虑驾驶人肌电特性的手脚操纵部件性能评价；第5章，考虑人体骨肌生理特性的汽车座椅乘坐舒适性评价方法；第6章，面向驾驶人躯体舒适性的驾乘姿态设计与评价。通过本书，希冀为工程与学术界读者提供一套在传统人机交互设计基础上，导入人体生物力学与生物电信息，最终实现"高驾乘体验感"的汽车人机交互理论、设计方法与实验测试技术。

  感谢对本书在编撰中做出贡献的李楚照、范达、李明月、王星月、张天瑶、孙翊腾、程铭、张慧珺、赵宇婷等研究生。

  由于作者水平有限，对于书中可能出现的问题和纰漏，敬请读者批评指正。

作 者<br>
2021年6月

# 目录

前 言
## 第1章 汽车人机工程介绍 … 1
### 1.1 什么是人机工程学 … 2
### 1.2 汽车设计中的人机工程学 … 2
### 1.3 人机工程方法 … 4
### 1.4 本书内容定位 … 6
## 第2章 人体测量与生物力学 … 8
### 2.1 概述 … 9
### 2.2 汽车设计中的人体尺寸 … 9
### 2.3 计算机辅助的人体体征数据构建 … 16
### 2.4 生物力学特性 … 19
### 2.5 驾驶过程的生物力学 … 24
### 参考文献 … 27
## 第3章 中国驾驶人人体体征基础数据采集分析 … 29
### 3.1 概述 … 30
### 3.2 汽车驾驶室布局中的人体尺寸数据 … 30
### 3.3 身高百分位数及 BMI 分级 … 31
### 3.4 驾驶人被试样本筛选 … 32
### 3.5 数据采集过程 … 33
### 3.6 数据采集结果 … 35
### 3.7 与 SAE 数据对比分析 … 41
### 3.8 人体各部位尺寸与身高的比例 … 42
### 参考文献 … 43
## 第4章 考虑驾驶人肌电特性的手脚操纵部件性能评价 … 44
### 4.1 驾驶人上肢转向操纵骨骼肌特性与操纵能力研究 … 45
### 4.2 驾驶人下肢踏板操纵骨骼肌特性与汽车踏板设计及评价 … 65

参考文献 ·················································································· 87

## 第5章 考虑人体骨肌生理特性的汽车座椅乘坐舒适性评价方法 ······ 91
5.1 概述 ················································································ 92
5.2 国内外研究现状 ································································· 92
5.3 座椅乘坐舒适性静动态评价标准 ············································· 98
5.4 座椅舒适性仿真分析 ·························································· 103
5.5 考虑多模态人体生理信息的汽车乘坐舒适性测试评价方法 ············ 116
5.6 高舒适性汽车座椅的正向数字化开发流程 ································ 119
参考文献 ················································································ 121

## 第6章 面向驾驶人躯体舒适性的驾乘姿态设计与评价 ················ 123
6.1 概述 ·············································································· 123
6.2 人体乘坐舒适性机理分析 ··················································· 123
6.3 考虑骨肌力学特性的"理想驾姿"设计 ··································· 125
6.4 驾驶姿态舒适性的逆向动力学仿真 ········································ 130
6.5 柔性人机试验测试台架设计开发 ··········································· 141
参考文献 ················································································ 150

# 第 1 章

# 汽车人机工程介绍

## 1.1 什么是人机工程学

社会的发展、技术的进步、产品的更新、生活节奏的加快等一系列的社会与物质的因素，使人们在享受物质生活的同时，更加注重产品在"方便""舒适""可靠""价值""安全"和"效率"等方面的评价，也就是在产品设计中常提到的人性化设计问题。

所谓人性化产品，就是包含人机工程的产品，只要是"人"所使用的产品，都应在人机工程方面加以考虑，产品的造型与人机工程无疑是结合在一起的。我们可以将它们描述为：以心理为圆心，生理为半径，用以建立人与物（产品）之间和谐关系的方式，最大限度地挖掘人的潜能，综合平衡地使用人的机能，保护人体健康，从而提高生产率。

人机工程学，亦即是应用人体测量学、人体力学、劳动生理学、劳动心理学等学科的研究方法，对人体结构特征和机能特征进行研究，提供人体各部分的尺寸、重量、体表面积、比重、重心以及人体各部分在活动时的相互关系和可及范围等人体结构特征参数；还提供人体各部分的出力范围，以及动作时的习惯等人体机能特征参数，分析人的视觉、听觉、触觉以及肤觉等感觉器官的机能特性；分析人在各种劳动时的生理变化、能量消耗、疲劳机理以及人对各种劳动负荷的适应能力；探讨人在工作中影响心理状态的因素以及心理因素对工作效率的影响等。

## 1.2 汽车设计中的人机工程学

### 1.2.1 基本概念

设计一辆轿车或货车需要多门学科的合作，如设计师、车身工程师、底盘工程师、动力总成工程师、制造工程师、产品规划师、市场研究人员、人机工程学工程师和电子工程师等。设计工作由错综复杂的协调所推动，同时也受多种需求所推动，如客户的要求、工程功能需求、商业需求、政府的监管要求和制造要求等，并受汽车中不同系统的需求间相互权衡所推动。设计的产品不仅要运行良好，同时也必须满足购买和使用该产品的客户要求。汽车产品开发中的人机工程学领域或人因工程涉及许多不同的车辆设计团队的工作，以确保所有重要的符合人机工程学的要求和问题都能及早考虑并解决，以满足使用者在使用或工作中对汽车的要求。

### 1.2.2　汽车人机工程学研究

在汽车人机工程学领域的大多数研究可以分为以下 3 种类型或它们的组合：

1）描述性研究。通常这种类型的研究提供描述不同人群特性的数据，例如人体测量及其分布数据。

2）实验性研究。这种类型的研究一般包括：在细致操纵和控制的实验条件下，进行试验以确定不同独立变量组合对确定响应变量的影响，例如上车后确定不同车辆参数对舒适性等级或性能影响的测试。

3）评估性研究。这种类型的研究一般包括对使用不同设计的用户性能的比较。

### 1.2.3　汽车设计中的人机工程学需求

1）高新技术汽车：安全、令人愉悦、舒适，并且智能。

2）更小的汽车：更加强调独特风格与高燃油经济性。

3）混合型的汽车：满足运动型多功能（SUV）车和小型货车的需求，但更节能。

4）更舒适的车内设计：好的乘坐环境，比如通过配置可调座椅、踏板和倾斜/伸缩转向管柱，提供适合更高百分位使用者的舒适驾驶空间。

5）在车内为物品提供更大的仓储空间。

6）防碰撞系统：比如改进制动性、操纵性、稳定性、驾驶人辅助系统、智能照明与可视性系统。

7）被动安全系统：智能气囊、预紧式安全带、侧面安全气囊。

8）舒适系统：改进的空调系统、加热/冷却座椅。

9）便捷功能：对喜欢的广播电台、座椅、视镜、盲区传感器、空调、显示设置与菜单的更加个性化的记忆设置，可重新构造的座椅、辅助停车与巡航控制。

10）最先进的娱乐系统：广播、光盘播放器、卫星转播电台、售后市场娱乐设备的即插能力，以及为后座乘客提供娱乐系统。

11）信息和交流系统：蓝牙手机和其他手持设备的无线连接、互联网搜索与收发电子邮件、带实时交通状况的导航系统、文件/数据管理与存储、汽车诊断系统。

### 1.2.4　应用人机工程学的目的

1）人机工程学创建了功能卓越的产品、流程和系统。

2）可以避免昂贵和费时的再设计。在设计过程中尽早引入人机工程学，就可以开发出优质的产品或系统，并减少了额外的反复设计。

3）有成千上万种方式来设计出产品，但只有少数几种设计是真正优秀的。我们必须尽快去寻找那些"优秀"的设计。

### 1.2.5 汽车设计中人机工程学工程师的职责

人机工程学工程师的工作贯穿从新汽车概念创立的早期阶段到用户使用汽车、报废汽车和准备购买下一辆汽车的整个周期。在汽车整个生命周期中，人机工程学工程师的主要工作概括如下：

1）为汽车设计团队提供人机工程学设计规则、信息、数据、分析结果、记分卡和产品决策的建议书。

2）采用可行的方法、模型和程序解决汽车研发过程中出现的问题。

3）进行快速响应的研究以回答在车辆开发过程中出现的问题。

4）评估产品/项目的假设、概念、草图、图样、CAD模型、物理模型/实物模型/装配模型、机械原型机、原型汽车和制造商以及竞争对手生产的车辆。

5）参与对设计和数据收集阶段的驾驶诊断和市场调研诊断所涉及的概念车，以及作为比较的现有主导产品的研究。

6）获取和检查客户投诉、产品保修、客户满意度调查、市场调研数据、业主巡视调查、汽车杂志和报刊等传来的用户反馈数据，并采取行动。

7）在汽车开发过程中，在选定的项目节点上创建人机工程学记分卡。

8）给汽车研发团队的成员提供人机工程学方面的咨询。

9）执行长期任务：将研究成果转化为设计准则，并开发设计工具。

## 1.3 人机工程方法

### 1.3.1 人机工程学方法

（1）设备与使用者匹配

人机工程学要求"让设备适应使用者（用户）"。这意味着汽车最终要被设计成：普通使用者在其中可以有舒适（自然）的活动空间，并且可以用舒适的姿势和动作准确无误地操作汽车。人机工程学不是让人去适应设备，在某些情况下，设备有可能是专门为了适应某一类特定操作者而设计的。

（2）为大多数人设计

人体工程学设计要求"为大多数人设计"，即设计出的产品需确保在预计的大多数人中都可以适应使用。如果我们使用其他的设计策略，如"为平均而设计"或"为极值而设计",则只有一小部分用户在使用的时候会感觉到这产品对他们"恰到好处"。因此"为大多数人设计"要求设计师知道用户群都是谁,且知道用户群的特征分布、能力和局限性。

(3)系统方法

汽车设计过程中应考虑以下几个主要部分:驾驶人/使用者、汽车、周围环境。系统中所有组成部分的特性在设计汽车的时候都必须考虑到。汽车的设计不仅需要将所有的物理组件匹配并使其功能发挥好,同时也确保被使用者认为是一个人体部件,并且使用者的特性在设计的轿车或货车中要被测量和使用,以确保车辆可以舒适、方便、安全地满足用户的需求。

在设计一辆汽车的过程中,对于汽车的目标用户群和操作环境都必须有透彻的了解。人机工程学工程师必须考虑到所有系统组件的特征,并对以下几个方面进行评估:

1)驾驶人/使用者将如何执行各种任务。
2)在使用该产品时驾驶人/使用者的偏好。
3)在体验产品时产生的愉悦感觉,如质量、工艺、使用产品时所诱发的情绪,以及由此产生的品牌形象。

### 1.3.2 解决问题的方法

为了解决在一个新的汽车产品开发过程中遇到的不同问题,人机工程学工程师采用各种不同的方法来处理。图1-1显示了3个解决问题的基本方法。

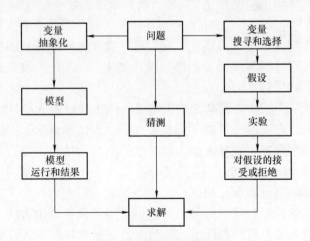

图1-1 解决问题的方法

## 1.4 本书内容定位

良好的汽车人机交互是保证车辆功能性、安全性、舒适性、便捷性、愉悦性的基础，是提升汽车产品品质和驾乘体验感、品牌竞争力的关键因素。伴随人工智能、网联技术发展，以及日益增加的个性化用户需求，汽车人机交互技术已经成为推动产业转型升级和结构优化调整的核心技术，是引领汽车产业创新发展的风向标，已成为国际汽车工程乃至信息科学等相关领域研究的前沿和热点问题。

汽车人机交互设计涉及关于人体的多领域科学，如心理学、人体测量学、生物力学、解剖学、生理学和心理物理学等。它涉及研究人的心生理与行为特性，应用这些人体特性来设计和评估汽车座舱内的物理-信息人机交互环境系统。目前的发展趋势是在满足基本功能需求的基础上，更加强调驾乘体验感的性能要求。经过多年的发展，我国整车厂与国际对标，已经建立了主观评价实验规范并积累了大量的调校经验，利用评车师的心理主观感觉打分评价人机操纵的便捷舒适性能。但同时我们也发现目前国内人机交互设计开发与性能评价存在以下不足：

1）我国经典人机交互设计主要考虑车内操纵部件空间布置、座椅乘坐舒适性以及车载仪表布置等基本因素，驾驶室内的人机交互设置通常由厂商固定其配置，汽车人机交互技术长期依赖欧美标准进行开发设计，缺乏针对中国人体体征基础数据的本地适应性开发的问题，极大降低了用户的接受性和适应性。

2）拥有较为完善的人机交互性能主观评价方法与汽车驾驶人操纵行为能力测试标准，但主观评分与客观指标之间尚难以建立良好的量化映射关系，难以直接对应到结构和性能等关键控制参数设计优化上，缺乏科学有效的客观评价方法定量分析用户体验。

基于此，我们以人机工程学为理论基础，以优化良好人机性能和人机相宜性为目标，结合汽车产品设计中的人机工程学、人体测量学、生物力学等最新研究进展，重点围绕基于驾乘人员生理特性的汽车人机交互设计方法及应用开展研究，具体研究内容包括以下几个部分：驾乘人员人体测量与生物力学，中国驾驶人人体体征基础数据采集分析，考虑驾驶人肌电特性的手脚操纵部件性能优化，考虑人体骨肌生理特性的汽车座椅乘坐舒适性评价方法，面向驾驶人躯体舒适性的驾乘姿态设计与评价，进而探索一套"高驾乘体验感"的汽车人机交互设计评价方法，为行业内提供可供参考的汽车人机工程实践流程，如图1-2所示。

驾乘人员生理特性

人体体征基础数据采集分析

汽车座椅乘坐舒适性评价

手脚操纵部件性能优化

驾乘姿态设计与评价

**图 1-2　研究内容总体框架**

# 第 2 章

# 人体测量与生物力学

## 2.1 概述

为了优化汽车座舱内的乘车与操作布置的技术设计,确保驾乘人员与汽车座舱内机械系统及人机交互的协调性,需要量化人体尺寸和体形[1]。而这种几何关系的确定基础就是人体测量及其测量的人体物理数据。

人体测量是协调人与环境之间关系、提高人类生产效率和生活效率中一个重要环节。各种与人有关的标准的确立都是以人体测量数据为基础,进而应用到工业设计中。只有具备高水平的人体测量技术与完善的人体测量数据库建立的人体原型,才能设计出高品质、高标准的宜人化产品。

近年来,汽车人机交互的舒适度及安全性设计已成为汽车生产厂商关注的重要内容之一。尺寸设计合理的汽车能为驾驶人提供安全、舒适、便于操纵和不易疲劳的驾乘感受。尺寸设计合理的汽车还可以减轻血液循环系统和肌肉的负担,可以防止不自然的躯体姿势[2]。

## 2.2 汽车设计中的人体尺寸

我国地区辽阔、人口众多,不同地区、不同性别的人身高高低不一。第六次全国人口普查中,全国总人口为 1370536875 人。其中男性人口为 686852572 人,占 51.27%;女性人口为 652872280 人,占 48.73%。0~14 岁人口为 222459737 人,占 16.60%;15~59 岁人口为 939616410 人,占 70.14%;60 岁及以上人口为 177648705 人,占 13.26%,其中 65 岁及以上人口为 118831709 人,占 8.87%。

在汽车的设计过程中,人因工程是极为重要的因素。通过对驾驶人、乘坐人员、生产制造人员等与汽车密切接触的人体基本特性分析,分析人体尺寸和生物力学特征、作业特点(操纵的灵活性和作业姿势)、人体的生理特性等几个方面对人体特性进行研究。其中人体尺寸是重中之重,不同年龄,不同性别的人尺寸都是不同的。在驾驶人对汽车进行操作的时候,绝大多数操作都是在汽车内部进行的。在对汽车内部进行设计的过程中,要重点设计驾驶人的手臂和腿部可以触及的范围,使汽车更加具有操作性,保证设计内容更加贴心,从而达到提升驾驶人舒适程度的设计目的。一辆汽车如果要想设计的位置适当、尺寸合理、操纵轻便、乘坐舒适,需要掌握人体尺寸[2]。

### 2.2.1 人体尺寸的概念

人体各种尺寸参数的测量与数据的整理是建立人体模型的基础，人机工程学要求"人—机—环境"相互协调，必须通过系统的人体测量工作，获得特定人群的人体测量尺寸数据及其分布规律，指导作业空间、工具、设备等的设计。由于人体尺寸受很多因素影响，地区、年龄、性别、种族、职业等都会对人体尺寸产生影响，而汽车室内的人机工程学设计往往针对特定的目标群体，这就必须对目标群体进行尺寸参数的测量及数据的分析整理，从测量统计中寻找规律，使之对设计进行指导[3]。

人群中个体与个体之间存在着差异，在产品设计中，某一个或几个人体测量数据不能作为设计依据。任何产品都必须适合一定范围的人群使用，产品设计中需要的是一个群体的人体测量数据。通常的做法是通过测量群体中少量的个体样本的数据，再进行统计处理从而得到所需的人体测量数据。

人体测量的数据通常以百分位数来表示人体尺寸的等级，百分位数是一种位置指标，是一个界值，以符号 $P_K$ 表示。一个百分位数将整体或样本的全部测量值分为两部分，有 $K\%$ 的测量值等于或小于此数值，有 $(100-K)\%$ 的测量值大于此数值。最常用的是第 5、50、95 三个百分位数，分别记作 $P_5$、$P_{50}$、$P_{95}$。其中，$P_5$ 代表小身材的人群，指的是有 5% 的人群身材尺寸小于此值，而有 95% 的人群身材尺寸大于此值；$P_{50}$ 代表中等身材的人群，指的是有 50% 的人群身材尺寸小于此值而有 50% 的人群身材尺寸大于此值；$P_{95}$ 代表大身材的人群，指的是有 95% 的人群身材尺寸小于此值，而有 5% 的人群身材尺寸大于此值。

一般静态人体测量数据近似符合正态分布，因此，可以根据均值和标准差来计算百分位值，也可以计算某一人体尺寸所属的百分位数。

### 2.2.2 人体尺寸的差异性

目前，世界上已有 90 多个大规模的人体测量数据库，其中欧美国家占了大部分，亚洲国家约有 10 个，而日本占了一半以上。如 CASER（Civilian American and European Survey of Anthropometry Research）人体测量研究计划，在美国、荷兰、意大利等得到了广泛应用；日本 HQL 协会（Research Institute of Human Engineering for Quality Life）提出了人体测量和增进人类福祉计划；英国 3D 电子商务中心（The Centre for 3D Electronic Commerce）在网上开展了三维人体数据方面的商务活动[4]。

由于世界各地不同国家、民族、人种的人体尺寸差距较大，所以各国在各自人体标准尺寸上均有较大的差异。据 GB 10000-1988，仅在我国，东北地区成年男子身高平均值为 1693mm，而西南地区成年男子的身高平均值为 1647mm。

美国成年男子平均身高为1755mm,英国成年男子平均身高为1780mm,日本成年男子平均身高为1651mm。在所有类型的人体尺度差异里,种族差异是最明显的。目前世界上最高的民族是生活在非洲苏丹南部的北方尼洛特人,平均身高为1828.8mm;世界上身材最矮的民族是非洲中部的皮格米人,平均身高只有1371.6mm。

一些研究表明,不同种族之间的人体尺度差异如身高的差异、主要是由于四肢的远位部分(即小腿和小臂)的差异而引起的。美国空军的黑人和白人男性的人体测量表明:他们的平均身高基本相同,但是黑人群体的四肢长度大于白人群体,而躯干却比白人的短。研究还表明,亚洲黄种人与欧美人相比,在身材上较矮,而两者的平均坐高值却很接近,说明亚洲黄种人与欧美人的身高差异是下肢长度较短[5]。因此在进行工业产品设计时,必须考虑产品的销售地区和当地人员的实际身体尺寸,这样才能满足"机宜人"的要求。汽车驾驶室的设计同样离不开人体尺寸数据,人的腿长将影响到驾驶座和加速踏板、制动踏板间距离的设计,坐姿下眼睛高度则会影响视野,进而影响仪表板的设计。又如客车座椅,都有一道鼓起来的凸包。从设计上来说,这道凸包本来是用来垫靠颈部的凹处,使人的头颈更舒服的,而对于大多数中国人来说,这个凸包常常是顶在后脑勺,使得当身体后靠在椅背时,不得不稍稍低头。问题的出现是由于这些座椅的设计是从国外引进,而生产者在尺寸上完全照搬。可见,在针对中国市场进行新车研发的过程中如果直接套用国外标准,就会影响产品的舒适性和安全性,从而损害消费者的利益,企业的竞争力也会大大降低。

人体尺寸是一个国家生产的基本的技术依据,涉及衣食住行各个方面。一般来讲必须每十年更新一次,1987年,我国第一次大规模测量了中国人的人体尺寸,当时中国成年男子的身高90%是处于1.58~1.77m之间,成年女子的身高是在1.48~1.66m之间。中国成年人人体尺寸的国家标准GB 10000-1988的制定并实施为人机工程设计提供了基础数据[6]。然而,从1987年到现在,中国社会发生了很大的变化,中国人的身高体重等也发生了很大的变化。

由科技部立项、中国标准化研究院承担的中国人体尺寸测量项目包括身高、体重、腰围、臂长等169项,其中还首次建立"国家级未成年人人体尺寸基础数据库"。这次人体尺寸测量项目,是我国1949年以来年龄跨度最大、抽样人数最多、地域跨度最大、测量项目最全面的一次人体尺寸测量。特别是首次针对4~17岁之间的未成年人,在全国抽样测量的总量达到两万余人,抽样地区遍及十多个省市;测量的人体尺寸数据项目多达170余项,基本可以满足未成年人服装、皮革、家具、文教体育用品、交通运输、建筑等行业的数据使用需求。

中国标准化研究院联合六家高等院校组建了"中国人体尺寸测量网",充分利用和整合了我国各有关单位的三维人体测量技术资源和人力资源，形成了长期有效的、强大的人体尺寸测量队伍，在保证测量工作顺利实施的同时，也使将来以较低的成本实现我国人体尺寸数据的定期更新成为可能。测量网目前尚在不断扩大中。

### 2.2.3 人体尺寸相关性分类

按照人体形态参数的测量方向及部位，形态参数可以分为 6 大类。第一类为铅锤轴方向尺寸，即人体高度方向尺寸；第二类为横轴方向尺寸，即人体宽度方向尺寸；第三类为纵轴方向尺寸，即人体厚度方向尺寸；第四类为人体围度尺寸；第五类为头面部尺寸；第六类为手足部尺寸。一般认为，人体的形态尺寸与其身高、体重存在某种关联。

### 2.2.4 汽车设计中人体测量数据分布

经统计，发现大部分人体测量数据服从正态分布。因此，一般采用正态分布计算人群的百分位值、算出给定的车辆尺寸可容纳的人数。

随机变量 $x$ 的正态分布可以定义如下：

$$f(x) = \frac{1}{\sigma\sqrt{2\pi}} e^{-(x-\mu)^2/2\sigma^2}$$

式中　$x$——人体测量尺寸；
　　　$f(x)$——$x$ 的概率密度函数；
　　　$\mu$——$x$ 的正态分布均值；
　　　$\sigma$——$x$ 的正态分布的标准偏差。

均值（$\mu$）和标准差（$\sigma$）是正态分布的两个参数，分别确定分布位置和分散度。

用 $F(x)$ 表示的 $f(x)$ 的累积分布函数定义如下：

$$F(x) = \int_{-\infty}^{x} f(x)\,\mathrm{d}x = \frac{1}{\sigma\sqrt{2\pi}} \int_{-\infty}^{x} e^{-(x-\mu)^2/2\sigma^2}\,\mathrm{d}x$$

由于正态分布是关于均值对称的，$F(x)=0.5$ 即为第 50 百分位数的值。

### 2.2.5 汽车设计中使用的人体尺寸百分位数

在汽车人机设计中，使用的人体尺寸数据常以百分位数表示人体尺寸的等级。

（1）百分位

百分位是指分布的横坐标用百分比来表示所得到的位置。用百分位可表示

"适应域"。一个设计只能取一定的尺寸范围，这部分人只占整个分布的一部分"域"，称为适应域。如适应域90%就是指百分位5%～95%之间的范围。百分位由百分比表示，称为"第 $x$ 百分位"。如50%称为第50百分位。

（2）百分位数

百分位数是百分位对应的数值，在人体尺寸中就是测量值，用来评价适应范围（即有多大比例的人群可以包含在一个给定的人体测量值变量 $x$ 范围内）。例如，$x$ 的第95百分位数在 $F(x)=0.95$ 处有定义。因此，如果 $x$ 是一个人的身高，那么 $x$ 的第95百分位数将意味着人群中只有5%的人会比这个数值高。

百分位数计算：$z=\dfrac{x-\mu}{\sigma}$，$x$ 为某一测量对象（男/女）的身高，$\mu$ 为对应性别的均值，$\sigma$ 为对应性别的标准偏差，$z$ 为标准正态分布变量，计算出 $z$ 值后对照累积正态分布表得到 $F(z)$，即百分位数。

（3）满足度

满足度是指设计的产品在尺寸上能满足多少人使用，以合适使用的人占使用者群体的百分比表示。通常，其数值就是以人体尺寸百分位数作为产品尺寸上、下限值的百分位之差。

### 2.2.6　产品尺寸设计分类

Ⅰ型产品尺寸设计：需要两个人体尺寸百分位数作为尺寸上限值和下限值的体现，又称为双限值设计。

Ⅱ型产品尺寸设计：只需要一个人体尺寸百分位数作为尺寸上限值或下限值的依据，又称为单限值设计。

ⅡA型产品尺寸设计：只需要一个人体尺寸百分位数作为尺寸上限值的依据，又称大尺寸设计。

ⅡB型产品尺寸设计：只需要一个人体尺寸百分位数作为尺寸下限值的依据，又称小尺寸设计。

### 2.2.7　人体尺寸百分位数的选择

Ⅰ型产品尺寸设计时，对涉及人的健康、安全的产品，应选用 $P_{99}$ 和 $P_1$ 作为尺寸上、下限值的依据，这时满足度为98%；对于一般工业产品，选用 $P_{95}$ 和 $P_5$ 作为尺寸上、下限值的依据，这时满足度为90%。

ⅡA型产品尺寸设计时，对涉及人的健康、安全的产品，应选用 $P_{99}$ 或 $P_{95}$ 作为尺寸上限值的依据，这时满足度为99%或95%；对于一般工业产品，选用 $P_{90}$ 作为尺寸上限值的依据，这时满足度为90%。

IIB 型产品尺寸设计时，对涉及人的健康、安全的产品，应选用 $P_1$ 或 $P_5$ 作为尺寸下限值的依据，这时满足度为 99% 或 95%；对于一般工业产品，选用 $P_{10}$ 作为尺寸下限值的依据，这时满足度为 90%。

III 型产品尺寸设计时，选用 $P_{50}$ 作为产品设计的依据。

在成年男女通用的产品尺寸设计时，通常选用男性的 $P_{99}$、$P_{95}$ 或 $P_{90}$ 作为尺寸上限值的依据；选用女性 $P_1$、$P_5$ 或 $P_{10}$ 作为尺寸下限值的依据。选用男性的 $P_{50}$ 和女性 $P_{50}$ 的平均值作为折中尺寸设计的依据。

### 2.2.8 人体尺寸与驾驶室布置的关系

驾驶人操作位置尺寸布置，是以保证驾驶人的正常操作和合理的空间为基础的。而人体尺寸又是制定驾驶人操作位置尺寸布置的基本依据。

驾驶室是驾驶人从事操作与休息的场所，要使驾驶室内部布置得合理，必须了解人体的各部尺寸，特别是各关节间的距离、四肢的活动范围。驾驶室内部尺寸布置，是以驾驶人在座椅上坐着的姿势作为基本的考虑。在大型载货汽车中，多采用所谓"正坐姿势"，即转向盘接近于水平位置，使其容易操作和可以施加大的力量为主要着眼点。在平头载货汽车中，由于转向盘布置得较平，所以驾驶人多用"正坐姿势"，即前后方向所需要的尺寸较小，而高度方向所需要的尺寸较大。在长头载货汽车中，由于转向盘布置得较倾斜，所以驾驶人多用"舒适姿势"，即前后方向所需要的尺寸较大，而高度方向上所需要的尺寸较小。驾驶人的绝大多数动作，是由手和脚完成的。要求动作应准确，并且能够施加上足够的力量。在操作时，不应分散过多的注意力，从而妨碍对道路的观察。而这一点，在很大程度上是取决于操纵机构的排列和结构、驾驶室的尺寸和布置。操纵机构的布置，应在手脚的活动范围内，并易于迅速触到。数值确定的最基本根据是我国的人体尺寸，每项尺寸都是按照人体相应部位尺寸平均值的 ±1.645 倍标准差，所得出的尺寸是符合我国 90% 的人，对驾驶人来讲符合 95%。

### 2.2.9 人体尺寸数据在汽车设计中应用的步骤[3]

（1）与汽车设计相关的人体尺寸

在汽车设计中相关的静态人体尺寸有坐高（挺直）、坐姿眼高、肩宽、胸高、前臂长、臀宽以及手脚的各部位尺寸，动态人体尺寸有功能极限尺寸（臂和脚）、最佳视角等。

根据人体测量数据可以计算出各种车辆尺寸的近似值。所得的值是近似值，是因为不易从静态人体测量为基础的数据中预测出人在与车辆相互作用时的实际姿势的"功能性"尺寸。

车辆设计中使用静态人体测量尺寸的一些示例如下：

1）最大坐垫宽度：可以用女性第 95 百分位臀宽估计得到。

2）最小坐垫长度：可以用女性第 5 百分位坐深估计得到。

3）驾驶人头部以上空间：可以由男性第 99 百分位坐高、躯干角和变形座椅顶部估计来得到。

4）车内肩宽（W3）：可以由（W3/2 – W20）和男性第 95 百分位肩宽的一半比较得到。W3 在 SAE J1100［SAE，2009］中被定义为在肩膀高度处两车门内饰板之间的横向距离。W20 被定义为驾驶人中心线和车辆中心线之间的横向距离。

5）车内把手和车外把手的长度：可以由除了手指之外的手掌宽度的第 95 百分位数来估计。

(2) 确定预期的用户人群

确定预期的目标人群是汽车设计中非常重要的一步，有关用户特征的信息可以从产品开发计划阶段所形成的用户模型中获得，了解用户的民族、性别和职业情况也会对设计有帮助。

(3) 选择合适的预期目标用户满意度

确定一个合适的满足度，主要根据是设计该种汽车时目标用户总体的人体尺寸的变异性、生产时技术上的可能性以及经济上的合理性。

(4) 有效人体尺寸数据

对于人体尺寸的影响因素有很多，种族、地区、年龄、性别、职业等。当然这种差异不仅仅是尺寸上的，还有比例上的差异。因此在设计以进入国际市场为目标的汽车时，还必须注意相关国家与地区的人体尺寸数据。另外，专业人群的人体测量数据往往不适合用作一般汽车的尺寸设计依据，还有老年人和残疾人，为他们的设计面临特殊的挑战。

(5) 基本数据修正

大部分人体测量数据常取自裸体或衣着单薄的对象，但在具体设计中，还必须考虑操作者的实际衣着和他们所佩戴或携带的其他设备。

(6) 进行人机工程学的评价和修正

在以上所有工作基本完成以后，对所确定的数据进行最后的人机工程学的评价和试验，从产品的实际使用情况考虑和检验其合理性。若设计有关的尺寸与实际情况不符，则进行有针对性的合理修正，修正后再进行评价检验，直至满足汽车设计要求为止[4]。

## 2.3 计算机辅助的人体体征数据构建

为了使设计产品能够满足人的使用舒适性，可以使用数字人体模型来辅助设计的整体过程。构建数字人体模型，离不开人体的尺寸数据，这就需要前期建立人体尺寸数据库，在使用时可以随时调用。人体结构尺寸主要有人体构造上的尺寸（静态尺寸）和人体功能上的尺寸（动态尺寸）。GB 10000－1988 中包括人机工程学需要的基础数据，分别是人体主要尺寸、立姿人体尺寸、坐姿人体尺寸、人体水平尺寸、人体手部和足部尺寸这几部分静态尺寸数据。静态尺寸数据越详细，数据范围分布越广泛，数字人体模型的精确度就越高。

### 2.3.1 数字人体模型概述

数字人体模型出现以前，主要借助二维人体模板进行设计。人体模板通常用塑料板材等，按常用制图比例制成各关节可以活动的样板。德国 Kieler Puppe 人体模板是较早应用于汽车和航空工业的人体模板（DIN 33408）。在美国，Ford 公司 S. P. Geoffrey 开发了二维人体模板。1962 年，该人体模板被 SAE 收录到 J826 标准中。至今，SAE J826 人体模板仍是车身布置最常用的。目前数字人体模型主要研究的模型有四种，分别是：人体数学模型、人体模板、体表型人体模型、运动型人体模型，每种模型都有各自的研究特点。

人体数学模型是基于数学方法对人体尺寸坐标进行描述，通过坐标的相对位置来描述人的作业姿势、操作区域等。人体模板在驾驶室人机工程设计中应用比较广泛。二维人体模板按照 1∶10 或 1∶5 的比例（或按实际需要比例制作）用纤维板或塑料板制作成各个关节可以活动的人体模型，主要用于辅助设计、演示或测试。受到二维平面的影响，二维人体模型的实验，只能通过一个侧面去观察，不够立体，需要其他面的相互对比辅助。

由于人体在正常着装状态时体表是不规则的面，因此在建模的过程中就要考虑体表人体模型。在空间相对狭小的环境中，需要根据人体的表面特征，建立精确的体表型人体模型，判断人与空间环境的作用关系。在众多领域的人机工程学中，都要使用运动仿真模型。如在汽车碰撞仿真、飞行操纵仿真、机器人操纵特效仿真等方面，都需要运动型人体模型。通过分析人体的运动规律习惯，捕捉人体的运动关节点，建立运动型人体模型[9]。

### 2.3.2 数字人体模型应用

数字人体模型主要由内部模型和外部模型两个部分构成，其中内部模型主要用于描述人体各肢体间的运动学关系，在构建内部模型时，除了要建立人体骨架模型外，还需对人的肢体长度、连接方式、各关节转动范围等参数进行定义[12]。外部模型则是人外表形象的具体表现，通常采取椭圆形状对特征断面进行定义。对于一些较为复杂的人体模型，则采用网状特征点对表面模型进行定义。考虑到人体中包含了大量的多关节形体，因此提高人体关节运动表达的形象感，必须采取一定的变形算法，如自动变形法、隐式曲面法等。

现代数字人体模型技术已经发展为融合了运动学、动力学、生物力学等多学科知识的综合性技术，可以实现对操作姿势和活动过程的生动模拟。该技术在汽车人机工程设计中的应用主要集中在以下几个方面：

1) 数字人体模型应用于姿势预测以及定位。在汽车人机工程设计中，汽车内部布置的合理性直接决定了其能否满足人体舒适姿势的要求。考虑到人体驾驶舒适度以及疲劳程度和人体关节角度确定的姿势存在紧密联系，所以可以基于关节舒适角度对人体模型进行定位，在此基础上完成舒适性、伸及性以及视野等多方面的评价工作。此外，近几年许多研究表明，人体尺寸和姿势在一定程度上影响乘员坐姿，因此可利用姿势变量描述驾驶人的群体特征。

2) 基于设计任务的视野分析。视野性能是汽车设计中必须考虑的一个因素，因为它直接影响汽车驾驶的安全性。通常情况下，驾驶人的视野由间接视野和直接视野两个部分构成。其中直接视野有仪表视野、前方视野，间接视野则是指通过后视镜观察到的视野。在视野设计中，针对不同的任务，采用的人体模型和眼睛位置也应呈现出一定的差异性。这样就可以对每个部分的视野情况进行掌握，进而有针对性地做出优化。

3) 样本生成技术。产品设计面向的应该是占比重最大的使用群体，为了判断产品是否能够满足群体中绝大部分个体的需求，通常采取抽样法进行适应性检查。在具体实施的过程中，由于大部分平均尺寸附近的个体更容易得到满足，因此应该重点关注处于尺寸分布边缘的个体，以此为样本生成边缘人体模型。在具体设计工作中，可以采用百分位法，这种方法可以实现对设计尺度的有效把握，但对设计问题相关设计变量的清晰度具有较高的要求。采用这种方法处理多维设计问题时，针对多维尺寸变量的多样性，可以通过相关肢体尺寸变量的多维分布情况进行计算。其次，中心区域边界法。这种方法常用于生成多维设计变量呈现出正态分布情况下的样本。在多维情况下，多维肢体尺寸变量数据分布图形呈现出超椭球状，样本位于其边界上，此时中心区域边界上存在无数满足要求的样本，在选择样本时可以采用主成分分析等技术。

### 2.3.3 数字人体模型软件

目前常用的人体模型软件有 BOEMAN、COMBIMAN、SAMMIE、JACK、SAFEWORK、Anybody 等，根据研究领域的不同应用不同的软件。

BOEMAN 软件是波音公司采用了美国空军男性和女性的身体尺寸数据,在 1969 年设计的主要用于评价飞机座舱操纵可达区域、视觉域等功能的人体模型软件。

COMBIMAN 软件是戴顿大学设计开发的,主要应用在飞机座舱设计与分析中,并可以对大腿、上肢的操作控制能力等进行分析。

SAMMIE 软件的人体模型包含人体的多个关键点和节段,可以对人体模型进行干涉检查、姿势评价等。

JACK 最初是由宾夕法尼亚大学的人类模型和模拟中心(Center for Human Modeling and Simulation at the University of Pennsylvania)开发,是西门子 PLM 旗下的一员。JACK 软件包含 SAE 和 U. S. Army 数据库,人体模型有 68 个关节、69 个肢体段、135 自由度。它有建模功能,可进行伸及和抓握分析,可实施碰撞探测,以及视锥显示视野。JACK 已经在众多领域取得成功应用,包括航天、汽车、国防等。

SAFEWORK 软件应用非常广泛,在飞机、汽车、建筑等领域均有涉猎,SAFEWORK 软件不但包含多个关键点和节段,而且对人体模型的自由度可以进行设置,使得人体模型更加符合人机工程学要求。

Anybody 软件在人体骨肌系统建模研究中广泛应用,其提供的基础模型为人体站立姿态时的骨骼肌肉模型。在已知人体模型的运动状态前提下,利用逆向动力学对骨骼肌肉模型的受力进行求解,计算关节力与肌肉力。该模型包括了骨骼(刚性)、关节(具备相应的自由度)以及肌肉和肌腱的组合(具有生理学性质),可以分析人体骨骼肌肉模型在各种人体运动状态及外力作用下所有骨骼的运动状态、关节与肌肉的受力、变形、拮抗作用等。

### 2.3.4 人机工程设计系统

通过计算机辅助技术,建立人-机-环境设计系统,应用数字人体模型在虚拟环境中的操纵和分析数据,反映出人在真实环境中的舒适程度,并预见和评估人体的工作绩效、视觉范围、肢体的操作可达性等参数。

人机工程设计系统是计算机辅助人机工程学中的重要一环,是计算机辅助人机工程学的核心。在传统人机工程学设计中,根据实物模型分析人体的特性,这种方法实用性很高,可以快速准确地反映出设计存在的问题。但是构建实体模型需要试制前期样品,花费设计成本,而且还造成了设计周期的延长;而且通过实体模型发现设计存在问题之后,再去更改模型,耗费的精力和时间是不可估计的。所以在人机工程设计初期,引入人机工程设计系统可以在各方面提高设计优势。

在计算机辅助人机工程学中,人机工程设计系统基于计算机技术,建立分析环境，对数字人体模型进行分析。具体研究内容有：操纵装置研究、显示装置研究、作业姿势研究这三个方面。

操纵装置研究是根据操纵环境，建立作业空间，分析数字人体模型与作业空间的匹配，对数字人体模型的作业动作分析，及分析手部、足部控制操纵的舒适性等操纵特性，根据分析数据判断是否符合操纵设计原则。

显示装置研究是根据人机界面装置特点，对数字人体模型的可视角度、视觉的舒适性进行分析，及显示装置的布局（仪表及操纵按键等）是否符合位置布局原则。

作业姿势研究是根据作业特点，对不同的作业空间采用不同的作业姿势，通常有坐姿操作和立姿操作。坐姿操作研究在长期保持坐姿时，脊柱的受力分析等问题；立姿操纵研究在立姿时，控制器的分布及脚足部的受力分析等问题。

## 2.4 生物力学特性

驾驶人在中枢神经的控制下，通过骨骼肌肉力学系统完成转向、制动、加速等车辆操纵行为。为了更好地了解驾驶人在进行驾驶任务时的行为特征和操纵状态，需要对驾驶人的"执行器"，即骨骼肌肉力学系统进行分析。

人体外形由骨骼和肌肉两个部分组成，骨骼决定了整体的大比例，而肌肉则是展示了形态的曲线。组成人体运动系统的三个器官：第一个器官是骨骼，运动时，有177块骨骼会参与其中；第二个器官是骨连结，关节即为骨连结的一种体现形式，关节又可以分为单轴关节、双轴关节和多轴关节，其中膝关节属于单轴关节，踝关节及腕关节属于双轴关节，髋关节及肩关节属于多轴关节；第三个器官是骨骼肌，其附着在骨骼上，收缩时以关节为支点牵引骨骼运动[5]。每个动作执行的过程中，都离不开肌肉的参与，且不是单独的某一块肌肉，而是许多块肌肉的共同作用。

（1）人体骨骼系统

人体上肢骨[10]如图2-1所示（见彩插），可分为两部分：上肢带骨和自由上肢骨。上肢带骨包括锁骨和肩胛骨。锁骨位于胸廓前面上部两侧，全长在体表均可触及。呈横卧的S形，内侧端粗大称胸骨端，与胸骨相关节；外侧端扁平称肩端峰，与肩胛骨的肩峰相关节。肩胛骨为三角形扁骨，位于背部外上方，介于第2~7肋骨之间，有三缘、三角和二面。肩胛骨的外侧角有关节盂与肱骨头形成肩关节。自由上肢骨包括肱骨、桡骨、尺骨和手骨。除手骨的腕骨为短骨外，其余均属长骨。肱骨位于臂部，上端有半球形肱骨头，与肩胛骨关节盂相关节。肱骨体中部外侧面有一粗糙隆起称三角肌粗隆；肱骨下端外侧有肱骨小头，与桡骨相关节；内侧有肱骨滑车，与尺骨相关节。桡骨位于前臂外侧部，上端细小，下端粗大。上端有桡骨头，与肱骨小头相关节。桡骨下端的下面为腕关节面，与腕骨相关节。尺骨位于前臂内侧部，上端粗大，前面有大的半月形凹陷称滑车切迹，与肱骨滑车相关节。手骨分为腕骨、掌骨及指骨[10]。

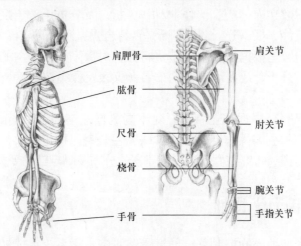

**图 2-1 人体上肢骨**

人体下肢骨如图 2-2 所示，可分为两个部分：髋骨和自由下肢骨。髋骨又名下肢带骨，包括左、右髋骨。自由下肢骨又名游离下肢骨，包括大腿骨（股骨）、髌骨、小腿骨（腓骨和胫骨）和足骨三个部分，其中，足骨的体积虽然较小，但却包含 7 块跗骨、5 块跖骨、14 块趾骨，共计 26 块短骨。髋骨是人体腰部的骨骼，为全身中最大的不规则扁骨，并与股骨共同构成髋关节。幼年时，髋骨由髂骨、坐骨、耻骨和软骨连接构成。成年后，软骨逐渐骨化，在髋臼处，三骨互相愈合，成为一个整体，即髋骨。股骨是人体最大的长管状骨，可分为一体两端，其最上端呈球形，朝向内上方，称为股骨头，与髋臼相关节；其下端为膨大的隆起，两侧均向后方卷曲，形成内、外侧踝。髌骨是膝关节的组成部分，具体分布位置包括两个部分，一个部分是膝关节前处，另一个部分是股骨下方靠前处。小腿骨包括腓骨和胫骨，腓骨细长，分为一体和两端，位于小腿外侧、胫骨外后方，上端膨大称为腓骨小头，下端也稍膨大，称为外踝。胫骨位于小腿内侧，上端膨大，形成内侧踝及外侧踝，它与髌骨、股骨下端的内侧踝及外侧踝共同构成了膝关节，对支承人体重量起重要作用。足骨包括跗骨、跖骨和趾骨三个部分，这些骨无论在人体静止或运动时，都起着至关重要的作用[11]。

（2）人体肌肉系统

人体全身的肌肉系统主要由心肌、平滑肌和骨骼肌三种不同类型的肌肉共

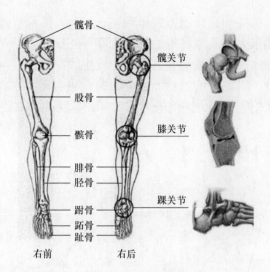

图 2-2 人体下肢骨

同组成。其中心肌是心脏的主要构成部分；平滑肌是空腔脏器壁的主要构成部分；而骨骼肌则主要通过肌腱附着在骨骼上作为人体的主要运动肌肉。骨骼肌由数百个胞核的长圆柱形的细胞所组成，我们称这数百个细胞为肌纤维，是骨骼肌的结构单位。肌纤维的长度大多为 1～30cm，直径约为 10～100μm。一般情况下，没有自主收缩性的肌腱串联着有收缩功能的肌肉与骨。肌肉与骨骼之间的框架就是由肌束膜和肌外膜的胶原纤维与肌腱内的胶原纤维相互连接所构成的。这些互相连接的平行弹性单位（也称为结缔组织）和肌腱的作用就是将肌肉收缩时产生的肌肉力传递给骨。

肌肉的收缩成分主要是肌节，肌节是产生主动张力的来源，肌节如图 2-3（见彩插）所示。

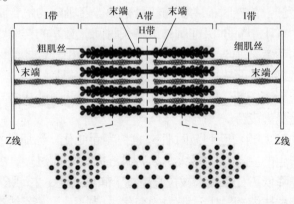

图 2-3 肌节

当较多的肌节以并列平行的方式排列在一起时，肌原纤维的横截面积也就越大，肌肉产生的张力与肌原纤维的横截面积呈正比关系。越多的肌节串联在一起时，肌原纤维的长度也就越长，而肌肉发生收缩的速度与肌原纤维的长度呈正比关系。因此，肌原纤维越短而粗的肌肉就更容易产生力，而肌原纤维长而细的肌肉可以收缩的范围大速度快[12,13]。具体关系曲线如图2-4所示。

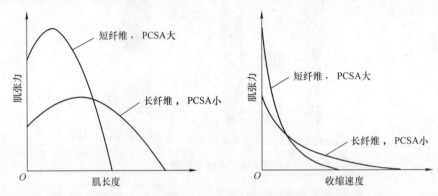

图 2-4　肌张力与肌长度和收缩速度的关系曲线

肌肉接受支配它的运动神经发出的一次刺激后产生的机械反应，称为单收缩。肌肉受到刺激后，间隔几毫秒后肌纤维才开始产生张力，这段时间称之为潜伏期（latency period）。从肌肉开始产生张力至张力达到最大值的这段时间称之为收缩期（contraction time）。张力从最大值减小至零的这段时间称之为舒张期（relaxation time）。肌肉的收缩期和舒张期很大程度上取决于肌肉的组成，因此不同肌肉的收缩期和舒张期也各不相同。某些肌纤维 10ms 就可收缩，而有的则需要 100ms 或更长时间。

三磷腺苷（ATP，adenosine triphosphate）是一种不稳定的高能化合物，是肌肉发生收缩或者舒张状态时最主要的能量来源。若肌肉的氧含量和营养供给充足，分解产生的 ATP 就能够保证肌肉维持长时间低频率的连续收缩。这种长时间的连续收缩的频率必须与 ATP 分解与合成的速率相一致才能保证它的可持续性。若刺激的频率过高而超过了肌肉能够生产足够 ATP 的能力，会导致肌肉的张力逐渐下降直至降为零，这种由于肌肉持续的处于刺激状态导致肌肉的张力降低的现象就是肌肉疲劳。

肌肉产生的张力随着受刺激时肌肉的长度而变化。当肌纤维处于"松弛"即静息长度时产生的主动张力最大。如果肌纤维的长度过短，主动张力开始缓慢下降然后迅速降低。如果肌肉被拉长超过了静息长度，主动张力也逐渐下降。

肌纤维被牵拉或缩短时主动张力的变化主要归因于肌节结构的改变。当肌节处于静息长度（2.0~2.25μm）时，肌肉能产生最大等长收缩的主动张力，因为这时粗细肌丝相互重叠得最充分而且横桥的数量最多。如果肌节被拉长，肌丝间的接触少，主动张力就会降低。肌节的长度约为 3.6μm 时，肌丝间几乎没有重叠所以不能产生主动张力。肌节的长度小于其静息长度时，主动张力会降低，因为细肌丝过度重叠至肌节的另一端，从而限制向相反方向的运动。肌节的长度小于 1.65μm 时，粗肌丝已滑动到 Z 线，这时主动张力大幅度降低。

  肌肉的主动张力由收缩成分产生，而被动张力是肌肉被牵拉超过其静息长度时由并联和串联的弹性成分产生的张力。被牵拉的程度越大，肌肉的弹性成分产生的张力在总张力中所占比例越大。不同肌肉的长度－主动张力曲线基本一致，而长度－被动张力和总张力曲线有差异，这与肌肉的结缔组织（弹性成分）多少有关，如图 2-5 所示。

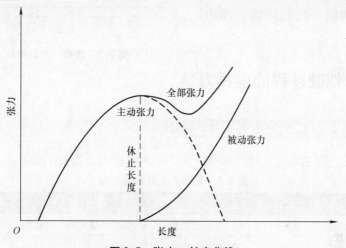

图 2-5　张力－长度曲线

收缩过程花费的时间较长，对应于肌肉产生的张力较大。收缩较慢时能产生更大张力，因为肌肉的收缩成分产生的张力有足够的时间通过平行的弹性成分传到肌腱。虽然肌肉的收缩成分最少可在 10ms 内产生张力，但张力传到弹性成分则最多需要 300ms。只有主动收缩的时间够长肌腱才能达到收缩成分所能产生的最大张力[14]，如图 2-6 所示。

  肌肉向心缩短或离心收缩延长的速度与恒定的负荷之间存在一定关系，在不同的外界负荷下测出相应的肌肉力臂的移动速度可绘制出负荷－速度曲线。肌肉

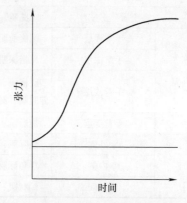

图 2-6　张力－时间曲线

向心收缩时缩短的速度与所受外界负荷成反比例关系。当外界负荷为零时，肌肉缩短的速度最快，随着负荷增加肌肉缩短得越来越慢。当负荷与肌肉产生的最大张力相等时，肌肉缩短的速度为零，这时肌肉作等长收缩。如果负荷继续增加，肌肉变为离心收缩，收缩过程中肌肉不断延长。离心收缩时的负荷－速度关系与向心收缩时相反，随着负荷增加肌肉离心延长的速度加快，如图2-7所示。

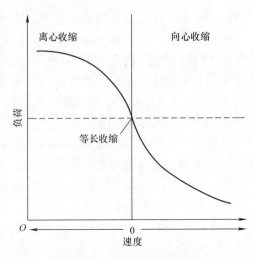

图 2-7　负荷－速度曲线

## 2.5 驾驶过程的生物力学

### 2.5.1 驾驶人上肢受力分析

驾驶人上肢主要完成转向操作，表2-1为驾驶人上肢肌肉分布。

表 2-1　驾驶人上肢肌肉分布

| 部位 | | 肌肉 |
|---|---|---|
| 脊柱 | | 斜方肌、背阔肌、大菱形肌、小菱形肌、提肩胛肌 |
| 胸腔 | | 胸大肌、胸小肌、锁骨下肌、前锯肌 |
| 肩部 | | 三角肌、肩胛下肌、棘上肌、棘下肌、小圆肌、大圆肌 |
| 上臂 | | 喙肱肌、肱二头肌、肱肌、肱三头肌 |
| 前臂 | 手掌浅层 | 圆旋前肌、掌长肌、桡侧屈腕肌、尺侧屈腕肌、屈指浅肌 |
| | 手掌深层 | 屈指深肌、屈拇长肌、旋前方肌 |
| | 手背浅层 | 肱桡肌、伸指肌、桡侧伸腕长肌、伸小指肌、桡侧伸腕短肌、尺侧伸腕肌、肘肌 |
| | 手背深层 | 旋后肌、长拇展肌、伸拇短肌、伸拇长肌、食指伸肌 |
| 手 | 掌外侧 | 鱼际肌、拇外展短肌、拇指对掌肌、屈拇短肌、拇收肌 |
| | 掌内侧 | 小鱼际肌、掌短肌、小指展肌、短小指屈肌、对小指肌 |
| | 掌中间 | 蚓状肌、背侧骨间肌、掌侧骨间肌 |

肩部运动包括前举、伸展、外展和内外旋。就转向操纵动作而言，主要是前举、外展和内外旋3个动作。前举是沿肩胛骨平面的上举，主要由三角肌提

供必要的力矩。由于盂肱关节的骨性稳定度不高，某一主动肌产生的力需要拮抗肌激活，从而不会产生使关节脱位的力。因此，前举动作中维持关节的稳定性主要由冈上肌、冈下肌和背阔肌完成。外展是沿冠状面的抬举，主要由三角肌提供必要的力矩。同时肩胛下肌较为活跃，并以离心收缩达致关节稳定。内外旋是手臂在收位时肱骨的旋转，主要由冈下肌、三角肌、肩胛下肌和胸大肌完成。

肘部运动主要包括伸肘、屈肘、旋前和旋后。伸肘时肱三头肌内侧头活跃，肱三头肌外侧头和长头是第二伸肌。二头肌在前臂完全旋后时比旋前时更活跃。肱肌在整个屈肘的过程中活跃，是主要工作肌群。由于拉伸反射的特点，肱三头肌活性随着屈肘的增加而增加[9]。

驾驶人的转向操作动作主要是由上肢骨肌完成。涉及的主要工作肌群是三角肌肩胛部、冈下肌、背阔肌、肩胛下肌、肱三头肌侧头和肱三头肌长头。三角肌肩胛骨部、胸大肌胸骨部、肩胛下肌、肱三头肌长头、肱三头肌侧头与转向力矩之间显示出较高的相关性，是产生转向力矩的主要肌群。冈下肌和背阔肌与转向力矩的相关性不高，主要产生驾驶人转动转向盘时的径向力或垂向力。

### 2.5.2 驾驶人腰腹受力分析

人体脊椎从上到下分别是颈椎、胸椎、腰椎和骶共四个主要部分。当人体处于直立状态时脊柱表现出来的正常生理弯曲曲线就是"S"形的。而当人体处于坐姿状态时脊柱依旧是"S"形的，人体上半部躯体腰椎部分承受的几乎是人体上半身的全部重量，所以腰椎部分的曲线在强大的负荷状态下很轻易地呈现出前倾的状态，此时脊柱所表现出来的曲线就是非正常的生理弯曲曲线。人体脊椎的腰椎部分的L1~L5关节处的承力会依据人体不同姿态下重心所处的位置而发生变化；而人体脊椎的胸椎尤其是T9、T10和T12关节处会承受很大一部分来自座椅靠背的支承力，如图2-8所示。

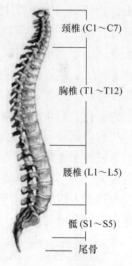

图2-8 人体脊椎

人体腰椎是支撑驾乘人员保持坐姿状态的主要承力部分，腰椎第四和第五关节承力最大；人体胸椎部分受力较大的关节主要是胸椎T9、T10和T12关节；驾乘人员虽然所处的位置和姿势不同，但人体主要工作的肌群肌肉激活程度和主要承力骨骼受力的变化整体趋势相似，只在局部有所区别；腰腹部肌肉和脊柱内受力大部分都是随着靠背倾角的增加而逐渐放松的，绝大多数的腿部受力肌肉都是随着椅面倾斜角度的增加而逐渐放松的，但当椅面倾角大于7.5°时，腰腹部肌肉激活程度和脊柱内受力突然增大，故椅面倾斜角度不可以过大，不应大于7.5°。引发如低背痛等职业病的主要原因之一就是长期处于坐姿工作状态，而汽车在使用过程中正是要求驾驶人长时间保持一种驾驶姿态。

由髓核、纤维环和软骨终板这三个部分共同组成的椎间盘，其产生的相互对抗的压缩力会维持两个椎体之间间隙的高度，从而保证相邻的两个椎体保持在一个相对较小的无痛范围内活动。腰椎间盘的生物特性主要有压缩、拉伸、弯曲、剪切、扭转、黏弹、滞后。无论驾驶人的身材如何，在相同座椅倾角的情况下，驾驶人的L4－5腰椎间盘和L5－S1腰椎间盘的受力均较其他腰椎间盘的承力都要大很多。L4－5腰椎间盘的承力要比前三个腰椎间盘的承力大20N左右，而L5－S1腰椎间盘的承力要比前三个腰椎间盘的承力大60N左右。所以可以得知，L4－5腰椎间盘和L5－S1腰椎间盘是最容易发生退行性病变的部位，其主要原因之一就是它们的承力较其他部位承力大很多。

与此同时，人体肌腱组织在外力的作用下发生拉伸或者挤压，会造成人体肌肉的活动量增加，如果长时间处于该种状态就会使腰部肌肉产生酸痛感[15]。当人体上半身躯体靠在座椅靠背上的坐姿状态时，背部肌肉会受到挤压，而腰腹部肌肉会受到牵拉。从医学解剖学的视角进行分析得知主要工作的肌群有：多裂肌（位于接近腰椎中心的部分）、竖脊肌（上起始于枕骨的后面，下终止于骶骨的背面，位于脊柱后方的长肌）、腹横肌（位于腹部肌肉的最里层）和腹外斜肌（位于前腹部肌肉外侧的浅层的宽阔扁状肌肉，开始于8个肋骨的下方，下方终止于髂嵴的前部）等。

对于长期处于驾驶姿态的驾驶人来说，最容易产生肌肉疲劳的部位主要是其腰背部、臀部、大腿等，由于长时间的与椅面接触而导致的供血不足等生理上的变化，产生驾驶疲劳的一个重要的方面就是肌肉疲劳。因为驾驶人肌肉疲劳与维持驾驶姿势和执行驾驶操作直接相关，姿势维持引发静态肌肉负载时肌肉等长收缩做静力施力，而由实际操作引发动态肌肉负载时肌肉向心收缩做动态施力。故在实际驾驶作业中的驾驶负荷由人－车－路三元系统共同决定，表现为驾驶人肌肉骨骼生物力学系统所受的外载荷，特别地表现为载荷种类、强度、施加频度和暴露实际等四类要素的综合作用。

### 2.5.3 驾驶人下肢受力分析

从人体各个关节部位的受力角度来分析，当驾驶人处于驾驶姿态时会双手握转向盘两端、脚踩踏板。基于前人活体研究发现驾驶人腿部的踝关节角度、膝关节角度和髋关节角度都会随着座椅椅面倾角的变化而发生改变。当驾驶座椅的椅面倾角增大时，驾驶人大腿前侧肌肉和外侧肌肉会产生拉伸，而臀部肌肉会受到挤压。根据人体解剖学可知，人体产生屈髋、屈膝的动作时主要涉及的腿部肌肉（肌群）有：臀大肌（从髂骨、骶、尾骨及骶结节韧带的背面开始，肌纤维向下外侧延伸，以一厚腱板越过髋关节的后方，最终止于臀肌粗隆和髂胫束的部位）、髂腰肌（包括腰大肌和髂肌两部分）、腘绳肌（包括半腱肌、半膜肌、股二头肌长头和股二头肌短头共四部分）、股四头肌肌群（包括股直肌、股中肌、股外肌和股内肌共四部分，位于大腿的前侧）、缝匠肌（位于大腿前侧内部较浅的层面，起于髂前上棘的部位，肌纤维从大腿外侧上方向内侧下方倾斜，与大腿交叉之后延伸至小腿正面，终止在胫骨粗隆内侧面）、阔筋膜张肌（位于股部外侧面，上端附于髂嵴前部，下端止于胫骨外侧踝）、梨状肌、小腿三头肌（包括比目鱼肌和腓肠肌两部分）、小腿前群肌（包括胫骨前肌、拇长伸肌、趾长伸肌和第三腓骨肌共四部分）等主要

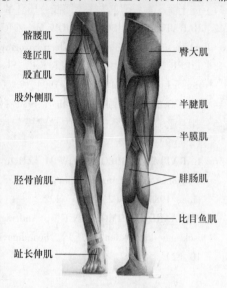

图 2-9　人体腿部肌肉

工作肌群。曾有活体研究实验结论表明在膝关节的日常活动中股四头肌和腘绳肌的协同收缩是经常存在的[16,17]。最有力的踝屈肌就是由附着于跟骨的比目鱼肌和腓肠肌共同组成的。肌肉的具体分布位置如图 2-9 所示。

## 参 考 文 献

[1] 任金东. 汽车人机工程学 [M]. 北京：北京大学出版社，2010.

[2] 高菲. 基于骨肌生物力学的驾驶员疲劳机理与舒适性评价研究 [D]. 长春：吉林大学，2017.

[3] 张峻霞，王新婷. 人机工程学与应用设计应用 [M]. 北京：国防工业出版社，2010.

[4] 王继成. 产品设计中的人机工程学 [M]. 北京：化学工业出版社，2004.

[5] 桑春蕾. 驾驶员骨骼肌肉生物力学建模及坐姿舒适性研究 [D]. 长春：吉林大学，2013.

[6] 国家技术监督局. 中国成年人人体尺寸：GB/T 1000 - 1988 [S]. 北京：中国标准出版社，1989.

[7] 王起源，齐惠文. 我国人体尺寸及其在汽车设计中的应用（上）——简介《JB 2667 - 80 载重汽车驾驶员操作位置尺寸》[J]. 汽车技术，1982（02）：54 - 56.

[8] 王起源，齐惠文. 我国人体尺寸及其在汽车设计中的应用（下）——简介《JB 2667 - 80 载重汽车驾驶员操作位置尺寸》[J]. 汽车技术，1982（03）：54 - 60.

[9] 李伟. 应用人机工程学研究——人体数据分析处理及其应用研究 [D]. 上海：东华大学, 2006.

[10] 高士濂. 实用解剖学图谱上肢分册 [M]. 上海：上海科学技术出版社, 2004.

[11] 高士濂. 实用解剖学图谱下肢分册 [M]. 上海：上海科学技术出版社, 2004.

[12] BARATTA R V, SOLOMONOW M, ZHOU B H. Frequency domain – based models of skeletal muscle [J]. Journal of Electromyography & Kinesiology, 1998, 8 (2): 79 – 91.

[13] LIBER R L, BODINEFOWLER S C. Skeletal muscle mechanics: implications for rehabilitation [J]. Physical Therapy, 1994, 73 (12): 844 – 56.

[14] OTTOSON D. Physiology of the nervous system [M]. London: Macmillan, 1983.

[15] 郝卫亚. 人体运动的生物力学建模与计算机仿真进展 [J]. 医用生物力学, 2011, 26 (2): 97 – 104.

[16] BARATTA R, SOLOMONOW M, ZHOU B H, et al. Muscular coactivation The role of the antagonist musculature in maintaining knee stability [J]. The American journal of sports medicine, 1988, 16 (2): 113 – 122.

[17] AAGAARD P, SIMONSEN E B, Andersen J L, et al. Antagonist muscle coactivation during isokinetic knee extension [J]. Scandinavian journal of medicine & science in sports, 2000, 10 (2): 58 – 67.

第 3 章
中国驾驶人人体体征
基础数据采集分析

## 3.1 概述

良好的人机参数设计是提升车辆用户驾乘体验感的关键,但据用户调查分析显示:驾驶体验感较差,人机性能不佳。目前主要依据美国 SAE 标准进行汽车人机部件参数设计与校核,缺乏针对中国人体征基础数据的本地适应性开发。因此,依据中国人体尺寸数据分布抽取典型驾驶人样本,分析人机校核关键指标及其约束范围,构建中国人体商用车人机基础数据库,对于中国自主车型的人机正向设计与校核具有重要意义。本章研究内容结合具体的项目实例,面向中国的商用车驾驶人,采集人体体征基础数据,并将数据结果与 SAE 数据进行对比分析。

## 3.2 汽车驾驶室布局中的人体尺寸数据

人体尺寸的大小直接影响着其所占据几何空间以及活动范围的大小,在数字人体模型构建的过程中,需要使用到人体尺寸相关数据辅助生物力学参数表现人体的基本特性[1-3]。展开来讲,人体尺寸的内容主要包括肢体尺寸、特征点间尺寸、功能尺寸三个方面。其中肢体尺寸主要包括如身高、臂长、腰围等,特征点间尺寸主要包括两跨间距、两眼间距等,功能尺寸主要包括肢体活动范围、空间伸及范围等。生物力学参数则主要包括肢体力量、转动惯量等。现如今,许多国家都已经建立了适合不同要求的人体数据库,我国也不例外。这是因为不同个体在这些数据上均存在一定的差异,为了同时满足绝大部分群体的需求,在进行产品设计时应该使用能够反映群体统计特征的数据。建立数据库的目的就是为了方便测量和统计分析。以现在的科技水平,已经能够在非接触的情况下通过扫描获取人体尺寸数据。

与驾驶室布局相关的主要人体尺寸包括人体高度/长度数据和人体厚度/围度数据,分别表征人体高度、长度尺寸上的差异,以及人体横向尺寸上的差异。由于正常成年人人体各部分尺寸之间存在一定的比例关系,因此可以选取主要尺寸项目作为驾驶人被试样本的筛选依据。

人体高度/长度数据项:身高是最基本的人体尺寸数据,其他高度及长度上的尺寸数据与身高存在较好的相关性,可以用身高作为高度/长度类数据项来筛选被试样本。

人体厚度/围度数据项:腹围与 BMI 指数(Body Mass Index,身体质量指数)具有较好的相关性,考虑到吉林大学驾驶人被试样本库中有驾驶人的体重数据,从实际样本选择的便利性考虑,可以把 BMI 指数作为横向尺寸数据项来筛选被试样本。

## 3.3 身高百分位数及 BMI 分级

### 3.3.1 身高百分位数选择

为了使驾驶室的设计能够覆盖大多数目标用户的需求，设计时所使用的数据应能覆盖目标用户的主要群体。人体尺寸数据用于产品设计时，通常以百分位数 $P_K$ 作为一个界值。它表示人体的某项数据对于使用对象中有百分之多少的人可以适用。本着适合大多数目标群体的原则，在采用人体尺寸数据时，需根据产品设计要求选用相应尺寸的百分位数，以达到通用的效果。一般在产品设计中，最常用的是 $P_5$、$P_{50}$、$P_{95}$ 三个百分位数，某些情况下，也可以酌情选择 $P_{10}$ 和 $P_{90}$。这几个百分位数分别可以用于产品的双限值设计、单限值设计和折中设计。

对于汽车驾驶室的内部设计来说，为了覆盖尽可能多的目标用户，同时也结合经济合理性和技术可行性，建议采用身高的 $P_5$（在总的人群中身材较矮小比例）、$P_{95}$（在总的人群中身材较高大比例），以及 $P_{50}$（中间人群）这三个百分位数，这样根据该项数据设计的产品可以覆盖 90% 的目标人群。

### 3.3.2 身高百分位数数据

中国标准化研究院 2009 年成年人人体尺寸数据库中拥有 3000 个样本数据，其中男女比例各半，取样点包含北京、天津、上海和西安等地。根据商用车驾驶人的基本情况，从数据库中筛选 18~60 岁的男性数据作为身高的计算人群，样本分布情况见表 3-1。经统计分析，该数据库中的 18~60 岁成年男性的身高符合正态分布。

表 3-1 中国标准化研究院数据库中 18~60 岁男性样本分布

|   | 分区 | 人数 |
|---|---|---|
| 1 | 东北华北区 | 335 |
| 2 | 中西部区 | 524 |
| 3 | 长江中游区 | 57 |
| 4 | 长江下游区 | 374 |
| 5 | 云贵川区 | 111 |
| 6 | 两广福建区 | 70 |
|   | 合计 | 1471 |

经过统计计算，18~60岁成年男性的5个主要百分位数见表3-2。

表 3-2　18~60 岁男性身高百分位数

| 百分位数 | 身高/mm |
| --- | --- |
| $P_5$ | 1593 |
| $P_{10}$ | 1613 |
| $P_{50}$ | 1694 |
| $P_{90}$ | 1773 |
| $P_{95}$ | 1798 |

### 3.3.3　BMI 指数的分级

中华人民共和国国家卫生和计划生育委员会发布的标准 WS/T 428-2013 成人体重判定，中国人的 BMI 参考标准为偏瘦：<18.5；正常：18.5~23.9；偏胖：24~27.9；肥胖：≥28。

驾驶人被试样本库中，BMI 指数的分布情况见表 3-3。

表 3-3　驾驶人样本库中的不同 BMI 指数的人数

| BMI 数值 | 人数 |
| --- | --- |
| 偏瘦：<18.5 | 3 |
| 正常：18.5~23.9 | 31 |
| 超重：24~27.9 | 68 |
| 肥胖：≥28 | 31 |

在驾驶人被试样本选取中，BMI 指数可以根据表 3-3 中 BMI 指数主要覆盖的人群，分为正常、超重和肥胖三级。

## 3.4　驾驶人被试样本筛选

### 3.4.1　被试样本的基本要求

性别：男性；年龄：18~60 岁；身体无明显缺陷或残疾。

### 3.4.2　人群细分

根据中国成年男性身高的 $P_5$、$P_{50}$、$P_{95}$ 三个百分位数（上下浮动 ±10mm）筛选后，再根据 BMI 指数对身高同一百分位数的被试样本进行细分，即相同身高下再进行正常、偏胖和肥胖 3 类人群的划分。按照总测量人数为 30 人，每类样本的人数分配见表 3-4。

表 3-4 驾驶人被试样本人数

| 百分位数 | 身高/mm | 身高筛选范围/mm | 人数 | | | |
|---|---|---|---|---|---|---|
| | | | 总人数 | 不同 BMI 指数的人数 | | |
| | | | | 正常 18.5~23.9 | 超重 24~27.9 | 肥胖≥28 |
| $P_5$ | 1593 | 1580~1610 | 9 | 3 | 3 | 3 |
| $P_{50}$ | 1694 | 1680~1700 | 12 | 4 | 4 | 4 |
| $P_{95}$ | 1798 | 1780~1800 | 9 | 3 | 3 | 3 |
| 合计 | | | 30 | 10 | 10 | 10 |

### 3.4.3 驾驶人被试样本库中的实际人数

驾驶人被试样本库中的驾驶人年龄段集中在 23~53 岁,分布在全国 6 大自然区,基本信息见表 3-5。

表 3-5 驾驶人被试样本库的信息

| 百分位数 | 身高筛选范围/mm | 人数 | | | |
|---|---|---|---|---|---|
| | | 总人数 | 不同 BMI 指数的人数 | | |
| | | | 正常 18.5~23.9 | 超重 24~27.9 | 肥胖 ≥28 |
| $P_5$ | 1580~1610 | 1 | 0 | 1 | 0 |
| $P_{50}$ | 1680~1700 | 39 | 13 | 17 | 9 |
| $P_{95}$ | 1780~1800 | 9 | 3 | 5 | 1 |

其中,$P_{50}$ 百分位数的人群比较多,$P_5$ 和 $P_{95}$ 人数较少。建议:进一步根据 $P_5$ 和 $P_{95}$ 两个百分位数被试样本的人数要求甄选驾驶人;选择符合该百分位数要求的非驾驶人作为被试样本进行人体尺寸测量。通过中国标准化研究院数据库中的数据计算 18~60 岁成年男性的各项尺寸数据。

## 3.5 数据采集过程

结合商用车主要销售区域,在全国范围不同地区招募符合中国人体尺寸分布的共计 135 名驾驶人,驾驶人的年龄分布情况如图 3-1 所示。为使采样样本具有代表性,根据年龄分布,从中选取了 56 名具有代表性的驾驶人,联合中国标准化研究院采用非接触式人体三维扫描仪器、马丁测量仪器和二维图像扫描仪。数据采集历时 15 个月,涵盖长春、太原、驻马店、桂林、南昌等几个地区,人体数据采集数据覆盖人体体征参数 75 项(图 3-2)。

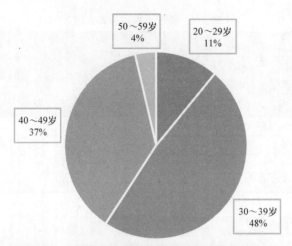

图3-1 中国商用车驾驶人数据采集人员年龄分布

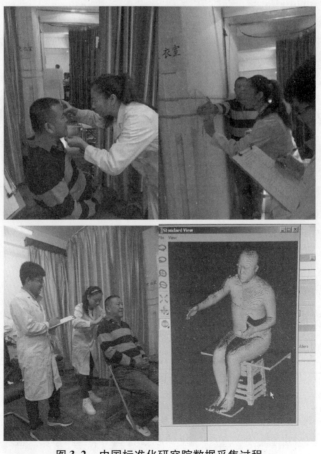

图3-2 中国标准化研究院数据采集过程

数据采集条件：分为立姿和坐姿两种，为确保立姿正确，被测者应使足后跟、臀后部和后背处于同一铅锤面内；为保证坐姿正确，被测者的臀部和后背应靠在同一铅锤面上。无论何种测量姿势，体姿都保持左右对称。由于呼吸而使测量值有变化的测量项目，应在呼吸平静时测量（图3-3）。

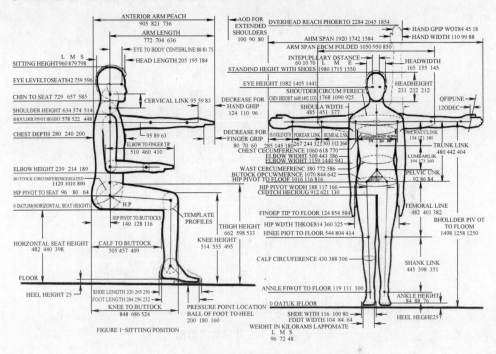

图3-3 人体体征数据采集坐姿和立姿示意图

## 3.6 数据采集结果

### 3.6.1 人体主要尺寸

人体主要尺寸如图3-4和表3-6所示。

### 3.6.2 立姿人体尺寸及部位

立姿人体尺寸及部位如图3-5和表3-7所示。

### 3.6.3 坐姿人体尺寸及部位

坐姿人体尺寸及部位如图3-6和表3-8所示。

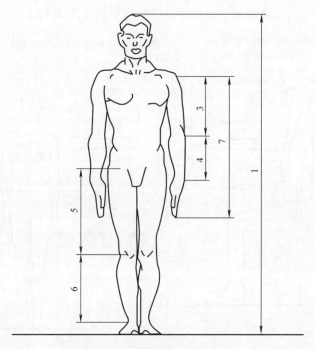

图 3-4　人体主要尺寸示意图

表 3-6　中国商用车驾驶人人体主要采集数据

| 序号 | 测量项目 | 5 百分位 | 50 百分位 | 95 百分位 |
|---|---|---|---|---|
| 1 | 身高/mm | 1628.2 | 1698 | 1771 |
| 2 | 体重/kg | 56.89 | 72.7 | 90.79 |
| 3 | 上臂长/mm | 296.025 | 317.75 | 342.7 |
| 4 | 前臂长/mm | 197.5 | 223.8 | 246.825 |
| 5 | 大腿长/mm | 435.325 | 474.75 | 523.535 |
| 6 | 小腿长/mm | 349.2 | 377.7 | 415.1 |
| 7 | 上肢长/mm | 692.185 | 729.7 | 777.465 |

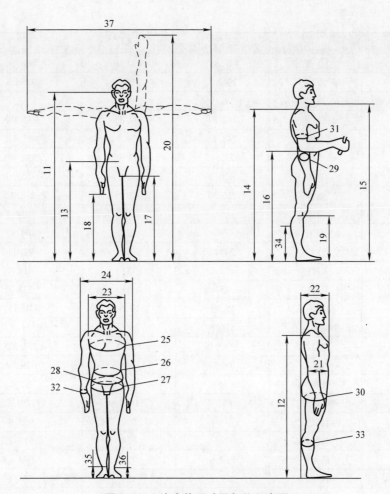

图 3-5 立姿人体尺寸及部位示意图

表 3-7 中国商用车驾驶人立姿人体尺寸采集数据　　　单位：mm

| 序号 | 测量项目 | 5 百分位 | 50 百分位 | 95 百分位 |
|---|---|---|---|---|
| 11 | 眼高 | 1499.825 | 1575.85 | 1653.51 |
| 12 | 肩高 | 1315.05 | 1383.9 | 1458.755 |
| 13 | 髂前上棘点高 | 867.17 | 918.35 | 970.455 |
| 14 | 颈椎点高 | 1388.325 | 1449.6 | 1532.27 |
| 15 | 颔下点高 | 1389.3 | 1458.7 | 1526.615 |
| 16 | 肘高 | 999.36 | 1063.25 | 1137.62 |
| 17 | 会阴高 | 666.6 | 739 | 774 |
| 18 | 中指指尖高 | 601.515 | 643.95 | 707.46 |

(续)

| 序号 | 测量项目 | 5 百分位 | 50 百分位 | 95 百分位 |
|---|---|---|---|---|
| 19 | 胫骨点高 | 405.885 | 437.4 | 468.26 |
| 20 | 摸高 | 1943.5 | 2093 | 2198.8 |
| 21 | 腹厚 | 179.195 | 258.95 | 306.235 |
| 22 | 体厚 | 242.81 | 309.25 | 352.545 |
| 23 | 肩宽 | 348.55 | 379.3 | 407.425 |
| 24 | 最大肩宽 | 431.565 | 467.95 | 502.405 |
| 25 | 胸围 | 826.7 | 960 | 1057.9 |
| 26 | 胸厚 | 216.57 | 242.65 | 278.22 |
| 27 | 臀围 | 855 | 949 | 1054.1 |
| 28 | 腹围 | 74 | 92.2 | 104.97 |
| 29 | 前臂围-右 | 24.48 | 27.1 | 29.03 |
| 30 | 大腿围 | 475.6 | 552 | 614.8 |
| 31 | 上臂围 | 253 | 305 | 327.3 |
| 32 | 腕围-右 | 15.97 | 17.5 | 19.13 |
| 33 | 小腿围-右 | 32.16 | 36.9 | 41.7 |
| 34 | 腿肚高 | 289.915 | 315.2 | 333.225 |
| 35 | 内踝高 | 64.7 | 74 | 79.3 |
| 36 | 外踝高 | 45 | 54 | 62.3 |
| 37 | 两臂展开宽 | 1605.4 | 1690 | 1791.8 |
|  | 两肘展开宽 | 798.8 | 869 | 935.8 |
|  | 上肢前伸长 | 743 | 828 | 915.1 |
|  | 上肢最大前伸长 | 867.6 | 951 | 993.6 |
|  | 两肘间宽 | 377.8 | 459 | 523.4 |
|  | 臀围高 | 773.7 | 822.6 | 865.36 |

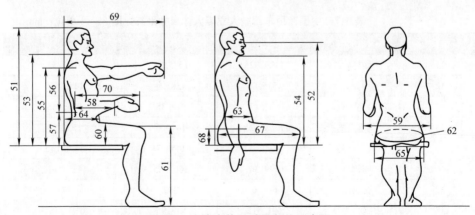

图 3-6 坐姿人体尺寸及部位示意图

表 3-8　中国商用车驾驶人坐姿人体尺寸采集数据　　单位：mm

| 序号 | 测量项目 | 5 百分位 | 50 百分位 | 95 百分位 |
|---|---|---|---|---|
| 51 | 坐高 | 876.025 | 924.9 | 994.075 |
| 52 | 坐姿眼高 | 760.82 | 812.8 | 861.465 |
| 53 | 坐姿颈椎点高 | 637.84 | 682.45 | 731.175 |
| 54 | 坐姿颏下点高 | 638.64 | 697.75 | 745.125 |
| 55 | 坐姿肩高 | 576.535 | 631.8 | 676.43 |
| 56 | 坐姿肩肘距 | 323.77 | 343.1 | 368.44 |
| 57 | 坐姿肘高 | 233.375 | 285.3 | 326.29 |
| 58 | 坐姿肘腕距 | 241.755 | 268.6 | 297.215 |
| 59 | 坐姿两肘间宽 | 398.2 | 478.65 | 545.415 |
| 60 | 坐姿大腿厚 | 135.94 | 159.1 | 182.025 |
| 61 | 坐姿膝高 | 471.965 | 505.4 | 571.36 |
| 62 | 臀围（坐姿） | 894.4 | 1013 | 1145.3 |
| 63 | 坐姿腹厚 | 200.58 | 272 | 334.25 |
| 64 | 坐姿臀-腹厚 | 201.505 | 269.8 | 328.025 |
| 65 | 坐姿臀宽 | 321.02 | 357.65 | 397.7 |
| 66 | 坐姿臀-腘距 | 438.245 | 474.2 | 502.7 |
| 67 | 坐姿臀-膝距 | 542.44 | 572.3 | 608.785 |
| 68 | 坐姿大转子点高 | 53.04 | 79.5 | 102.43 |
| 69 | 坐姿上肢前伸长 | 798.38 | 866.25 | 902.295 |
| 70 | 坐姿前臂指尖距 | 429.37 | 454.6 | 480.175 |

### 3.6.4　人体头部尺寸及部位

人体头部尺寸及部位如图 3-7 和表 3-9 所示。

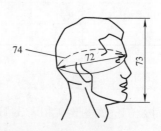

图 3-7　人体头部尺寸及部位示意图

表3-9 中国商用车驾驶人人体头部尺寸采集数据　　　单位：mm

| 序号 | 测量项目 | 5百分位 | 50百分位 | 95百分位 |
| --- | --- | --- | --- | --- |
| 71 | 头宽 | 149.4 | 160 | 174.3 |
| 72 | 头长 | 179.7 | 188 | 195.3 |
| 73 | 头全高 | 215.41 | 234.7 | 250.325 |
| 74 | 头围 | 551.1 | 571 | 597.4 |
| 75 | 瞳孔间距 | 55 | 61 | 66.3 |

### 3.6.5 人体手部尺寸及数据

人体手部尺寸及数据如图3-8和表3-10所示。

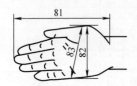

图3-8 人体手部尺寸示意图

表3-10 中国商用车驾驶人人体手部尺寸采集数据　　　单位：mm

| 序号 | 测量项目 | 5百分位 | 50百分位 | 95百分位 |
| --- | --- | --- | --- | --- |
| 81 | 手长 | 174.679 | 184.96 | 196.506 |
| 82 | 手宽1（含拇指，垂直） | 102 | 106 | 113 |
| 83 | 手宽2（含拇指，直线） | 108 | 113 | 121 |
| 84 | 拇指长 | 52.234 | 60.53 | 66.424 |
| 85 | 食指长 | 65.15 | 72.36 | 77.606 |
| 86 | 中指长 | 73.133 | 80.21 | 85.9 |
| 87 | 掌厚 | 26 | 30 | 34 |

### 3.6.6 人体足部尺寸及部位

人体足部尺寸及部位如图3-9和表3-11所示。

# 第3章 中国驾驶人人体体征基础数据采集分析

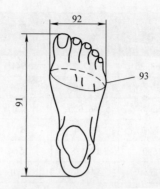

图 3-9 人体足部尺寸示意图

表 3-11 中国商用车驾驶人人体足部尺寸采集数据　　　　单位：mm

| 序号 | 测量项目 | 5百分位 | 50百分位 | 95百分位 |
|---|---|---|---|---|
| 91 | 足长 | 42 | 55 | 69.3 |
| 92 | 足宽 | 34 | 40 | 48 |
| 93 | 足围 | 225.7 | 245 | 265 |

## 3.7 与 SAE 数据对比分析

SAE J833 人体物理尺寸标准是美国汽车工程师学会制定的汽车、机械等领域内使用到的人体尺寸数据标准，标准中给出了站立和坐姿人体转动关节尺寸信息[4]。以5%的女性人体尺寸、中间人体尺寸、95%的男性人体尺寸分别代表较小人体、中间人体、较大人体的尺寸。标准中还提到了人体自然尺寸变化范围的调整以及不同人种间的尺寸比例的调整。采集的中国商用车驾驶人人体体征数据与 SAE 标准中的人体数据对比，见表 3-12，表中长度单位为 mm，质量单位为 kg。

表 3-12 中国商用车驾驶人人体体征采集数据与 SAE 人体数据对比

| | 采集样本数据 | | | SAE 数据 | | |
|---|---|---|---|---|---|---|
| | 5百分位 | 50百分位 | 95百分位 | 5百分位 | 50百分位 | 95百分位 |
| 体重 | 56.89 | 72.7 | 90.79 | 48 | 73 | 96 |
| 摸高 | 1943.5 | 2093 | 2198.8 | 1856 | 2062 | 2268 |
| 身高 | 1628.2 | 1698 | 1771 | 1550 | 1715 | 1880 |
| 眼高 | 1499.825 | 1575.85 | 1653.51 | 1448 | 1605 | 1762 |

(续)

|  | 采集样本数据 | | | SAE 数据 | | |
|---|---|---|---|---|---|---|
|  | 5 百分位 | 50 百分位 | 95 百分位 | 5 百分位 | 50 百分位 | 95 百分位 |
| 肘高 | 999.36 | 1063.25 | 1137.62 | 941 | 1050 | 1159 |
| 上肢长 | 692.185 | 729.7 | 777.465 | 636 | 704 | 772 |
| 前臂长 | 197.5 | 223.8 | 246.825 | 221 | 244 | 267 |
| 小腿长 | 349.2 | 377.7 | 415.1 | 351 | 398 | 445 |
| 两臂展宽 | 1605.4 | 1690 | 1791.8 | 1564 | 1742 | 1920 |
| 坐姿膝高 | 471.965 | 505.4 | 571.36 | 470 | 530 | 589 |
| 坐姿臀宽 | 321.02 | 357.65 | 397.7 | 325 | 360 | 395 |
| 坐姿臀腘距 | 438.245 | 474.2 | 502.7 | 409 | 457 | 505 |
| 坐姿 H 点高 | 53.04 | 79.5 | 102.43 | 64 | 80 | 96 |

从表 3-12 中可以看出，欧美人身长较高，人身长的不同主要表现在下肢上，故在车身内部尺寸布置时，对"坐垫上表面至顶棚"的尺寸无明显影响。因此为使驾驶人对脚踏板的合理操纵，必须使驾驶人座椅有适当的前后调整量。

## 3.8 人体各部位尺寸与身高的比例

亚洲与欧美地区人体各部位尺寸与身高比例见表 3-13。

表 3-13 亚洲与欧美地区人体各部位尺寸与身高比例

| 代号 | 名称 | 立姿 | | | |
|---|---|---|---|---|---|
|  |  | 男 | | 女 | |
|  |  | 亚洲人 | 欧美人 | 亚洲人 | 欧美人 |
| 1 | 眼高 | $0.933H$ | $0.937h$ | $0.933H$ | $0.937h$ |
| 2 | 肩高 | $0.844H$ | $0.833h$ | $0.844H$ | $0.833h$ |
| 3 | 肘高 | $0.600H$ | $0.625h$ | $0.600H$ | $0.625h$ |
| 4 | 脐高 | $0.600H$ | $0.625h$ | $0.600H$ | $0.625h$ |
| 5 | 臀高 | $0.467H$ | $0.458h$ | $0.467H$ | $0.458h$ |
| 6 | 膝高 | $0.267H$ | $0.313h$ | $0.267H$ | $0.313h$ |
| 7 | 腕-腕距 | $0.800H$ | $0.813h$ | $0.800H$ | $0.813h$ |
| 8 | 肩-肩距 | $0.222H$ | $0.250h$ | $0.213H$ | $0.200h$ |
| 9 | 胸深 | $0.178H$ | $0.167h$ | $0.133 \sim 0.177H$ | $0.125 \sim 0.166h$ |
| 10 | 前臂长（包括手） | $0.267H$ | $0.250h$ | $0.267H$ | $0.250h$ |

(续)

| 代号 | 名称 | 立姿 | | | |
|---|---|---|---|---|---|
| | | 男 | | 女 | |
| | | 亚洲人 | 欧美人 | 亚洲人 | 欧美人 |
| 11 | 肩-指距 | $0.467H$ | $0.438h$ | $0.467H$ | $0.438h$ |
| 12 | 双手展宽 | $1.000H$ | $1.000h$ | $1.000H$ | $1.000h$ |
| 13 | 手举起最高点 | $1.278H$ | $1.250h$ | $1.278H$ | $1.250h$ |
| 14 | 坐高 | $0.222H$ | $0.250h$ | $0.222H$ | $0.250h$ |
| 15 | 头顶-座距 | $0.533H$ | $0.531h$ | $0.533H$ | $0.531h$ |
| 16 | 眼-坐距 | $0.467H$ | $0.458h$ | $0.467H$ | $0.458h$ |
| 17 | 膝高 | $0.267H$ | $0.292h$ | $0.267H$ | $0.292h$ |
| 18 | 头顶高 | $0.733H$ | $0.781h$ | $0.733H$ | $0.781h$ |
| 19 | 眼高 | $0.700H$ | $0.708h$ | $0.700H$ | $0.708h$ |
| 20 | 肩高 | $0.567H$ | $0.583h$ | $0.567H$ | $0.583h$ |
| 21 | 肘高 | $0.356H$ | $0.406h$ | $0.356H$ | $0.406h$ |
| 22 | 腿高 | $0.300H$ | $0.333h$ | $0.300H$ | $0.333h$ |
| 23 | 坐深 | $0.267H$ | $0.275h$ | $0.267H$ | $0.275h$ |

($H$ 为亚洲人身高,$h$ 为欧美人身高)

## 参 考 文 献

[1] 王起源,齐惠文. 我国人体尺寸及其在汽车设计中的应用（上）——简介《JB2667-80 载重汽车驾驶人操作位置尺寸》[J]. 汽车技术,1982（02）:54-56.

[2] 王起源,齐惠文. 我国人体尺寸及其在汽车设计中的应用（下）——简介《JB2667-80 载重汽车驾驶人操作位置尺寸》[J]. 汽车技术,1982（03）:54-60.

[3] 崔许刚,陈绪强,康继超,等. 试论汽车内饰设计中的人性化因素 [J]. 内燃机与配件, 2020（03）:250-251.

[4] SAE. 美国假人尺寸实用标准:SAE J833—1989. Pittsburgh:SAE.

# 第 4 章
## 考虑驾驶人肌电特性的手脚操纵部件性能评价

## 4.1 驾驶人上肢转向操纵骨骼肌特性与操纵能力研究

### 4.1.1 研究背景

现如今，随着汽车行驶高速化，交通环境车辆密集化，人车混流化，以及驾驶人非职业化，汽车驾驶变得越来越智能化，诸多汽车厂商推出了具备智能汽车功能的产品。配备自适应巡航或车道保持辅助系统等能帮助驾驶人进行车辆的纵向与侧向控制的车型成为产品发展趋势。

三大权威组织 BASt、SAE、NHTSA 对从辅助驾驶到完全智能驾驶等各种智能驾驶等级都进行了分类和详细定义[1-3]。在完全智能驾驶中，对周边环境的监控与所有的驾驶控制任务都由智能驾驶系统完成。然而，在完全智能驾驶到来之前，仍有许多问题尚需解决，包括技术局限、社会接受性、依赖问题、人机交互问题等[4]。实际情况下会存在驾驶人与智能驾驶系统共同进行车辆纵侧向控制，即人机共驾，部分学者对其特点进行了研究[5-7]。在人机共驾模式下，驾驶人通常会执行某一种驾驶主任务，因此有助于缓解智能驾驶所带来的驾驶人不直接参与驾驶主任务而导致如情景感知能力下降等问题。部分驾驶辅助系统通过在加速踏板上施加辅助力来帮助驾驶人进行更加经济的跟车控制，或者通过在转向盘上施加辅助力矩来帮助驾驶人避免与本车前方或本车盲区内的车辆发生碰撞事故[8]。

随着驾驶辅助系统的持续发展，驾驶人与车辆之间的交互变得更加复杂。但是时至今日，驾驶人如何实现对车辆进行速度与方向控制的基本原理尚未被完全理解。如果能够更加深入地理解驾驶人与车辆之间的交互行为并预测驾驶人对各种车辆特性与操纵动作的反应，将有助于提升整车开发与测试的效率。而在以往的驾驶人行为研究中，往往被忽略的是对驾驶人骨肌运动控制的研究。

驾驶人对车辆的操纵过程涵盖了诸多对信息处理的过程，例如较高级别的路径规划以及较低级别的速度与方向控制。目前大部分驾驶人模型主要针对的还是车辆的速度与方向控制。现有对人类驾驶人在驾驶车辆任务时的角色理解是有限的，当没有进行相应测试时，难以对人类驾驶人的行为进行预测。之前大量的研究主要集中在部分场景下对驾驶人模型的经验性建模，其适用性与预测能力较差。而近年来最优控制理论也被应用于驾驶人行为建模中，但是其中仍然缺少对所有驾驶人均面临的生理能力限制的考虑。因此，从生物与神经科学领域对驾驶人感知、决策和执行等行为的研究也逐渐开展起来。

### 4.1.2 研究现状

表面肌电信号（sEMG）近年来被广泛用于驾驶人行为生物力学机理研究、驾驶舒适性、整车被动安全等领域。英国剑桥大学 Driver – Vehicle Dynamics Group 利用表面肌电分析了驾驶人转向操纵神经肌肉学机理和肌肉收缩特性，并建立了具有神经肌肉特性的驾驶人模型[9-13]。Stefan Haufe[14]等利用驾驶人脑电和腿部肌电信号有效预测了其紧急制动动作，相比利用制动踏板的运动变化，利用生理信息的预测时刻更早。David Abbink[15,16]等研究了驾驶人速度控制时腿部肌肉生理特性。表面肌电分析作为非侵入式测量，利用其时域与频域参数能准确分析驾驶人肌肉疲劳情况，得出相关病理并指导人机工程学设计[17,18]。部分学者对驾驶人与乘员在碰撞时刻及前后其颈部肌肉活动进行测试，研究其肌肉收缩规律和碰撞损伤机理等[19,20]。国内清华大学刘亚辉[21,22]利用表面肌电定位了驾驶人转向操纵动作的主要工作肌群，提出利用肌电信息测量转向效率的方法。浙江大学罗仕鉴等[23]利用驾驶人颈部与背部表面肌电信号研究了驾驶人在动态驾驶情况下的舒适度。

表面肌电信号已经被应用于驾驶人行为分析以及车辆性能评价中。Cole 等人[24]通过采集驾驶人进行转向操纵时上肢肌肉的 EMG（肌电图学）信号，对其中主要工作肌肉进行了定位。同时利用 EMG 信号建立回归模型，对转向力矩进行了预测，并利用回归模型中的系数正负性建立了肌肉协同收缩力矩计算方法。在此基础上，Cole 等人[25]进一步分析了驾驶人转向操纵行为与上肢骨肌系统特性，发现驾驶人对于车辆的转向力矩具有较强的鲁棒性，表明驾驶人通过内部模型建立了车辆响应与车辆转角之间的关系，而非与转向力矩之间的关系。同时，随着驾驶人驾驶车辆经验的增加，驾驶人肌肉协同收缩力矩逐渐下降，这表明了驾驶人的学习过程。尤其当驾驶人对车辆响应与转向力矩不熟悉时，其肌肉协同收缩力矩的增加有助于驾驶人进行稳健性控制。刘亚辉等人[26]同样采集驾驶人转向操纵时上肢肌肉 EMG 信号，如图 4-1 所示，利用 EMG 时域信号分析其肌肉激活程度，并建立转向力矩与肌肉激活程度的线性回归模型。在此基础上，对转向力矩进行预测，并与实际转向力矩共同分析提出一种计算驾驶人转向效率的方法，试图解释驾驶人转向操纵控制机理。利用转向效率指标，刘亚辉等人[27]结合驾驶人进行典型转向试验时的操纵指标（包括肌肉协同收缩程度、平均速度、平均加速度、平均加速度变化率），建立车辆转向舒适性的量化评价方法。根据上述客观指标，以及驾驶人转向操纵时的主观评价，利用人工神经网络模型建立映射关系，实现对主观评价结果的预测。

诸多研究表明驾驶人与乘员的生理反应与车辆性能存在一定的映射关系。G. Farah 等[28,29]采集了乘员颈部、背部和腰部肌肉的肌电信号，发现较大车身

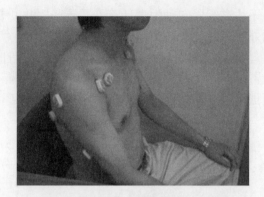

**图 4-1　驾驶人上肢 EMG 信号采集**

侧倾导致了较大肌肉活动,使乘员感觉不舒适。肌肉活动可以作为乘员应对侧向加速度时的舒适度评价客观指标。Rencheng Zhang 等[30]采集了乘员胸锁乳突肌的肌电信号,发现肌肉活动增大时乘员感觉不舒适,肌肉活动能够有效地作为乘员舒适评价指标。Seung – Min Mo 等[31]采集了车辆操稳试验中驾驶人的肩部肌电信号和车辆运动参数,提取特征参数并对其进行相关性分析,发现肌肉活动与转向盘转角、转向力矩和侧向加速度有较高相关性,肌肉活动能够反映车辆动力学变化。

### 4.1.3　仿真

**1. 驾驶人骨肌系统建模**

根据人体生物力学理论,人体运动控制的主要执行部分包括骨骼、肌肉以及关节[32]。其中,骨骼起杠杆作用,关节起枢纽作用,当骨骼肌收缩时,被附着的骨骼被牵拉并绕着关节运动进而改变位置。驾驶人的转向操纵动作主要由上肢完成,肩关节与肘关节是转向操纵过程中的主要运动关节。

为了更准确地定位驾驶人进行转向操纵时的主要活动肌群并分析其骨肌系统特性,本书采用人体生物力学仿真软件 Anybody 所提供的基础人体骨肌模型,面向驾驶人操纵行为仿真进行二次开发。

针对驾驶人操纵特征,本书重点调整了基本模型中的整体尺寸、骨骼和肌腱的几何外形、运动关节自由度、运动方式与运动路径等参数,所建立的驾驶人转向操纵骨肌模型如图 4-2(见彩插)所示。具体建模细节如下[33]:

1) 添加了座椅体节,将基本模型的站姿改为坐姿。
2) 添加转向盘体节,并定义驾驶人持握转向盘的姿态。
3) 添加踏板体节,并定义驾驶人右脚踩踏踏板的姿态。
4) 调整人体模型自由度。由于增加了人体模型与新增体节的约束,导致模型出现了过约束,无法进行逆向动力学计算,需要释放并设置部分关节的自由度,如盂肱关节的外展运动、肘关节的内旋与外旋运动、腕关节的桡偏运动等。

5) 调整人体模型整体尺寸。原有基本模型整体尺寸和骨骼肌肉特征参数根据欧洲人体参数设置。本书根据中国成年人人体参数,采用年龄 18～60 岁之间第 50 百分位中国成年男性的人体尺寸,将人体模型的身高与体重设置为 167.8cm 与 59kg[34]。

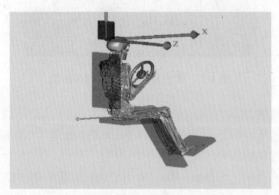

图 4-2 驾驶人转向操纵动作骨肌模型

**2. 定位上肢转向操作主要工作肌群**

本书针对典型转向工况进行仿真,分析驾驶人上肢肌肉力变化特性,因此选择了 GB/T 6323-2014《汽车操纵稳定性试验方法》中的蛇形试验工况,仿真试验车速为 60km/h。在该仿真工况下,转向盘转角为正弦变化输入,转角单侧幅值为 60°,频率为 0.25Hz;转向力矩同样为正弦变化输入,幅值和频率分别为 5N·m 和 0.25Hz;仿真时间为 8s,步长为 0.1s。

仿真结果中,主要关注驾驶人转向操纵过程中的主要活动肌肉的激活程度。肌肉激活程度是肌肉力与肌肉最大强度的比值,反映了肌肉在发力时利用的肌肉强度。

根据仿真结果,在驾驶人转向过程中,被明显激活的肌肉包括冈下肌、背阔肌、三角肌肩胛骨部、肩胛下肌、肱三头肌长头和肱三头肌侧头。其中,肩胛下肌和背阔肌在整个转向操纵过程中被显著激活,胸大肌胸骨部在转向盘位于中间位置时被激活,其主要作用是提高肩关节的稳定性,而其余肌肉随着转向盘转动方向的不同而被分别显著激活。当转向盘逆时针转动时,右肩的肱三头肌侧头、三角肌肩胛骨部和左肩的胸大肌胸骨部、肱三头肌长头和肩胛下肌被显著激活,为转向操纵动作提供力矩;当转向盘顺时针转动时,由左肩的肱三头肌侧头、三角肌肩胛骨部和右肩的肱三头肌长头、肩胛下肌、胸大肌胸骨部提供转向力矩。

为了更准确地定位转向操纵过程中的主要激活肌肉，本书对转向力矩和各激活肌肉的激活程度进行相关性分析，相关系数接近 1 表明有较高的相关性。根据表 4-1、表 4-2 所示，肱三头肌长头、肱三头肌侧头、肩胛下肌、胸大肌胸骨部、三角肌肩胛骨部与转向力矩具有较高的相关性。其中，肱三头肌侧头、三角肌肩胛骨部与转向力矩呈负相关。因此，这 5 块肌肉为转向操纵提供了主要的力矩输入，是转向操纵时的主要工作肌群。

表 4-1　右肩主要工作肌群激活程度相关系数

| | 转向力矩 | 三角肌肩胛骨部 | 冈下肌 | 背阔肌 | 胸大肌胸骨部 | 肩胛下肌 | 肱三头肌长头 | 肱三头肌侧头 |
|---|---|---|---|---|---|---|---|---|
| 转向力矩 | 1.000 | −0.786 | −0.425 | 0.566 | 0.731 | 0.923 | 0.880 | −0.860 |
| 三角肌肩胛骨部 | | 1.000 | 0.433 | −0.144 | −0.733 | −0.716 | −0.520 | 0.484 |
| 冈下肌 | | | 1.000 | 0.060 | −0.258 | −0.600 | −0.322 | 0.281 |
| 背阔肌 | | | | 1.000 | 0.331 | 0.411 | 0.844 | −0.749 |
| 胸大肌胸骨部 | | | | | 1.000 | 0.538 | 0.603 | −0.348 |
| 肩胛下肌 | | | | | | 1.000 | 0.809 | −0.859 |
| 肱三头肌长头 | | | | | | | 1.000 | −0.908 |
| 肱三头肌侧头 | | | | | | | | 1.000 |

表 4-2　左肩主要工作肌群激活程度相关系数

| | 转向力矩 | 三角肌肩胛骨部 | 冈下肌 | 背阔肌 | 胸大肌胸骨部 | 肩胛下肌 | 肱三头肌长头 | 肱三头肌侧头 |
|---|---|---|---|---|---|---|---|---|
| 转向力矩 | 1.000 | 0.786 | 0.424 | −0.568 | −0.731 | −0.923 | −0.880 | 0.858 |
| 三角肌肩胛骨部 | | 1.000 | 0.436 | −0.146 | −0.733 | −0.716 | −0.520 | 0.482 |
| 冈下肌 | | | 1.000 | 0.078 | −0.243 | −0.603 | −0.310 | 0.283 |
| 背阔肌 | | | | 1.000 | 0.337 | 0.410 | 0.843 | −0.747 |
| 胸大肌胸骨部 | | | | | 1.000 | 0.538 | 0.604 | −0.345 |
| 肩胛下肌 | | | | | | 1.000 | 0.809 | −0.858 |
| 肱三头肌长头 | | | | | | | 1.000 | −0.907 |
| 肱三头肌侧头 | | | | | | | | 1.000 |

**3. 转向主要肌肉协同收缩**

实际上，在关节运动时，由于关节的不稳定性，当主动肌激活收缩时会要求拮抗肌也同时激活收缩。而这种主动肌与拮抗肌同时激活的现象就称为肌肉协同收缩。肌肉同步收缩广泛存在于人体运动中。肌肉同步收缩主要能表征人体进行精准运动时人体的控制能力，如驾驶人需要跟随特定路线进行转向操纵时，会出现比较明显的肌肉同步收缩现象，以提高关节的稳定性。同时，当驾驶人精神紧张或者对外界环境不适应时，肌肉同步收缩程度也会较高。在驾驶人转向操纵过程中，本书针对主要工作肌群对其肌肉同步收缩现象进行研究。肌肉同步收缩力矩定义如下：

$$C = (M_+ - M_-) - |M_+ + M_-| \tag{4-1}$$

式中　$M_+$——由主动肌产生的正力矩；

$M_-$——拮抗肌产生的负力矩。

本书将转向盘转角为负时，使得转向盘逆时针转动的力矩定义为正力矩；相反，将转向盘转角为正时，使得转向盘顺时针转动的力矩定义为负力矩。

式（4-1）表征了由于肌肉同步收缩所造成的力矩损失。为了区分产生正力矩与负力矩的肌肉，对转向力矩与肌肉激活程度进行线性回归分析。回归分析是试验数据处理中常用且有效的统计方法，通过回归分析能够建立自变量与因变量之间的近似函数关系。自变量 $x_j(j=1,2,\cdots,m)$ 与因变量 $y$ 之间的近似函数关系式如式（4-2）所示，其中，$a$，$b_1$，$\cdots$，$b_m$ 称为偏回归系数。

$$y = a + b_1 x_1 + b_2 x_2 + \cdots + b_m x_m \tag{4-2}$$

当进行线性回归时，如果某两个变量之间存在显著关联，会产生共线性问题，线性回归结果可能较差，回归模型无法准确预测。根据仿真结果，5 块转向操纵时主要工作肌肉中，部分肌肉激活程度呈现出显著关联，当两个肌肉的激活程度显著关联时，会剔除其中一个。最终，选取左右肩部的三角肌肩胛骨部与肱三头肌长头的激活程度作为变量对转向力矩进行线性回归，回归模型系数见表 4-3。

表 4-3　肩部主要工作肌群激活程度相关系数

| | 三角肌肩胛骨部（Del） | 肱三头肌长头（Tri） | 常数 | $R^2$ |
|---|---|---|---|---|
| 右肩 | -55.421 | 59.564 | 0.002 | 0.976 |
| 左肩 | 55.666 | -59.765 | | |

肌肉同步收缩程度与主要肌肉激活程度变化在部分时刻会出现截然相反的特征。当转向盘处于中间位置附近时，正力矩与负力矩会同时产生，其结果就会产生较为显著的肌肉协同收缩。当转向盘接近其转动极限位置时，正力矩与负力矩趋于根据转动方向只产生其中一种，在这种情况下肌肉同步收缩较少。类似的驾驶人在转向操纵过程中的肌肉同步收缩现象在利用人体表面肌电信号进行研究的相关文献中也被发现[35]。可见在较小转向盘转角和较小转向力矩的情况下，肌肉协同收缩程度较大，保证了关节的稳定性。在大力矩情况下主要是为了克服外力而减少协同收缩作用，降低了能量消耗。

### 4.1.4 试验

**1. 试验工况**

针对驾驶人转向操纵行为,本书选取双移线试验工况,对驾驶人进行转向操纵时的上肢骨骼肌肉特性进行定量研究。试验道路设置参照双移线试验规范ISO 3888技术报告,具体布置如图4-3与表4-4所示。考虑车辆和试验场地实际情况,每辆试验车分别以40km/h、60km/h和80km/h进行5次双移线试验,即每辆车每名驾驶人共计完成15次双移线试验。在驾驶过程中采集驾驶人主要激活肌肉表面肌电信号。当每名驾驶人完成每辆车15次双移线试验后,要求驾驶人对每辆试验车进行主观评分。

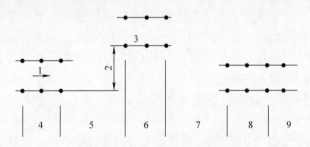

图4-3 双移线试验道路示意图

1—行驶方向 2—航道偏移 3—宽度 4—1区 5—2区 6—3区 7—4区 8—5区 9—6区

表4-4 双移线试验道路参数

| 区 | 长度 | 航道偏移 | 宽度 |
|---|---|---|---|
| 1 | 70m | — | 4m |
| 2 | 30m | — | — |
| 3 | 20m | 3.5m | 4m |
| 4 | 30m | — | — |
| 5 | 25m | — | 4m |
| 6 | 25m | — | 4m |

考虑到本试验工况所涉及的转向感觉评价侧重点,主观评分第二级由两个评分项组成,即轻便性和移线性能,其中移线性能分为转向准确度、侧倾感觉和疲劳程度子项,见表4-5[36],参照SAE J1441十点评价标准进行打分。最高等级为10,表示性能最优,最低等级为1,表示完全不满足性能要求。

表 4-5 双移线试验主观评分项

| 第一级 | 第二级 | 第三级 |
| --- | --- | --- |
| 转向感觉 | 轻便性 | |
| | 移线性能 | 转向准确度 |
| | | 侧倾感觉 |
| | | 疲劳程度 |

**2. 受试者与试验设备**

总共10名男性驾驶人参与本试验。所有驾驶人均持有合法驾驶证件且具备5年以上驾龄，并对双移线试验与转向感觉主观评价较为熟悉。本书共选用3辆试验车进行试验，包括一辆紧凑型SUV（1号试验车，2.0L排量，无级变速器，电动助力转向）、一辆掀背轿车（2号试验车，1.6L排量，手动变速器，电动助力转向）以及一辆A级轿车（3号试验车，1.5L排量，手动变速器，液压助力转向）。由于3辆试验车本身的差异尤其转向助力形式的差异，这3辆试验车理论上会具有较为不同的转向感觉。

试验中主要采集的数据包括驾驶人操纵信息、本车运动状态信息以及主要激活肌肉的表面肌电信号。

本文采用轻质量力矩转向盘（01184IR，Sensor Development Inc.）采集转向盘转角与转向力矩，如图4-4a所示。轻质量力矩转向盘为10in中空设计，固定在试验车转向盘之上，中空设计使得该力矩转向盘不影响试验车转向盘上的安全气囊正常工作。内置式力矩传感器用于测量转向力矩。前风窗玻璃内侧上固定有光学编码器，力矩转向盘转动时通过齿带带动编码器旋转，从而进行角度测量。转向力矩数据与转向盘转角数据通过红外方式发送至上位机接收端。

a) 轻质量力矩转向盘　　　　b) 陀螺仪　　　　c) 数据采集系统

图 4-4　双移线试验车辆运动状态测试设备

采集的车辆运动状态信息主要包括车速、侧向加速度、横摆角速度，其中车速由GPS模块提供，侧向加速度与横摆角速度由陀螺仪提供，如图4-4b所示。驾驶人操纵信息与车辆运动状态信息均由Dewetron Dewe 501数据采集系统进行采集，如图4-4c所示。所提取的车辆运动状态量包括转向盘转角方均根（RMS）值、侧向加速度峰值以及横摆角速度峰值。

本试验采用美国 Biopac 公司生产的 MP150 无线生理记录仪，如图 4-5 所示。表面肌电采集采用 Ag/AgCl 材料电极。电极粘贴在皮肤之前，为了保证电极间较低的阻抗值，需要去除粘贴区域的死皮和毛发，同时使用消毒酒精进行擦拭，实际电极粘贴位置如图 4-6 所示。电极与前置放大器相连，与主机之间以无线方式传输数据，以减少肌电采集设备对驾驶人操纵动作的影响，同时避免导线剧烈运动产生信号伪迹。选用数字 FIR 滤波器对肌电信号进行滤波，带通滤波设置为 $10 \sim 250 \text{Hz}$[37]。

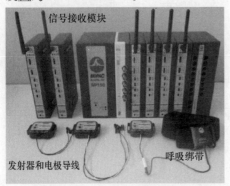

图 4-5　无线生理记录仪

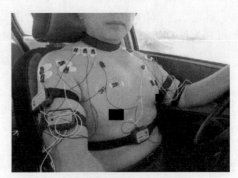

图 4-6　双移线试验实际电极粘贴位置

根据人体骨肌模型的仿真结果并结合文献的试验数据，本书主要关注驾驶人肩部主要工作肌群，包括三角肌前部、三角肌中部、胸大肌胸骨部和肱三头肌长头。本书采集左右肩部共 8 块肌群的表面肌电信号。

**3. 数据处理**

表面肌电信号属于非平稳信号，主要分析方法包括时域分析和频域分析。本书主要提取肌电信号的时域参数，包括肌肉激活程度和肌肉协同收缩程度。

由于表面肌电信号是一种微弱电信号，其在采集过程中会受到外界环境以及各种电子元器件所产生的噪声影响，需要对其进行去噪处理。本书采用小波变换对肌电原始信号进行去噪，通过对母小波反复进行伸缩与平移，在保留肌电信号波峰波谷以及突变部分的同时，能够实现对肌电信号的多尺度分析并去除噪声。利用小波变化进行去噪的过程为：

1）选取合适的母小波，对肌电信号进行小波变换。

2）对小波系数中小于阈值的部分按照背景噪声进行置零处理。

3）将进行阈值处理后的小波系数进行逆变换，得到重构信号，即为去除噪声后更为平滑的肌电信号。

小波变化基本定义如下所示：

$$Wf(a,b) = \int_{-\infty}^{+\infty} f(t)\, \varphi_{a,b}^{*}(t) \mathrm{d}t \tag{4-3}$$

$$\varphi_{a,b}(t) = \frac{1}{\sqrt{a}}\varphi\left(\frac{t-b}{a}\right), a>0, b\in R \tag{4-4}$$

其中，$\varphi(t)$ 为母小波，在时域上母小波是以 $t=0$ 为中心的带通函数，同时存在如下特征：

$$\int_{-\infty}^{+\infty}\varphi(t)\mathrm{d}t = 0 \tag{4-5}$$

肌肉激活程度表征人体肌肉在受到外界环境作用力作用情况下的使用情况。考虑到驾驶人之间的个体差异，例如皮下脂肪层厚度、皮肤阻抗等，会直接影响肌电信号幅值，需要对肌电信号进行标准化以消除个体差异。目前，最常见的方法是计算肌肉收缩时的肌电信号 RMS 值占该肌肉进行最大自主收缩时的肌电信号 RMS 值的百分比，即 %MVC 方法[38]。肌电信号 RMS 值计算如式（4-6）所示：

$$\mathrm{RMS} = \sqrt{\frac{1}{T}\int_0^T \mathrm{EMG}^2(t)\mathrm{d}t} \tag{4-6}$$

式中　$\mathrm{EMG}(t)$ ——肌电信号电压值；
　　　$T$ ——窗函数长度。

对于身体健康的驾驶人而言，%MVC 方法是最为有效的标定方法。同时，在每次试验开始前，每名试验员均进行最大自主收缩动作，以提高 %MVC 方法计算的结果准确性。

### 4.1.5　结果分析

**1. 基于肌肉激活程度的转向力矩预测与协同收缩力矩**

与本书前述建立驾驶人骨肌动力学模型进行骨肌特性分析相同，以主要肌肉的激活程度为变量建立线性回归模型，实现对转向力矩的预测。同时，根据不同肌肉产生的正负转向力矩，计算肌肉协同收缩力矩，用于表征肌肉协同收缩程度，其典型结果如图 4-7 所示。从图中可以看出，根据主要激活肌肉的激活程度建立的线性回归模型能够较好地预测转向力矩。而肌肉协同收缩力矩在试验的不同路段也呈现出不同特性，其中，当驾驶人进入到偏移路段以及进行第二次移线操纵时，肌肉协同收缩现象最为明显，表明该过程驾驶难度较大，驾驶人需要提高操纵精准度以完成既定轨迹跟随。协同收缩的作用在于进行运动控制，同时协同收缩也意味着部分能力的额外消耗。一般人体在精神紧张、对外界环境不适应的情况下，肌肉协同收缩程度会较高[39]。

**2. 肌肉协同收缩力矩与车辆运动状态的联系**

每名试验员驾驶每辆试验车连续进行 15 次双移线试验，记为 1 组。本试验所采集驾驶人的上肢肌肉激活程度均值如图 4-8 所示。在所测试肌肉中，4 块肌

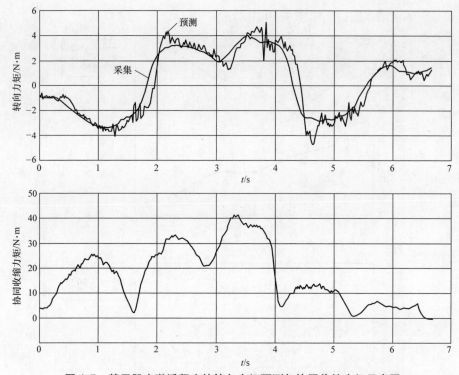

图 4-7 基于肌肉激活程度的转向力矩预测与协同收缩力矩示意图

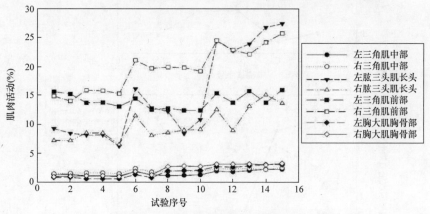

图 4-8 驾驶人所采集肌群激活程度

肉的激活程度较大,分别是左右侧肱三头肌长头和左右侧三角肌前部,其余 4 块肌肉激活程度相对较小。随着试验速度的提高,肱三头肌长头和三角肌前部的激活程度明显增大,其余肌肉激活程度也呈增大趋势但变化幅度相对较小。后续生理特征参数提取将主要利用肱三头肌长头和三角肌前部肌电信号,其中左右肩肌肉活动指左右肩部肱三头肌长头和三角肌前部肌肉活动之和。而根据前述分析结果,可以提取肌肉协同收缩力矩。数据处理结果如图 4-9 所示。各试验车车辆运动状态指标如图 4-10 所示。

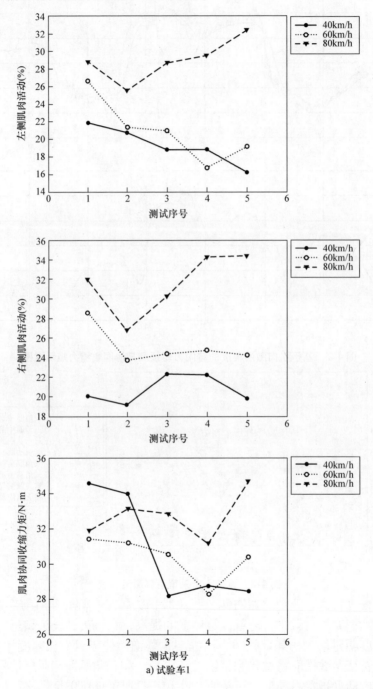

a) 试验车1

图 4-9 驾驶人左右侧肌肉激

## 第4章 考虑驾驶人肌电特性的手脚操纵部件性能评价

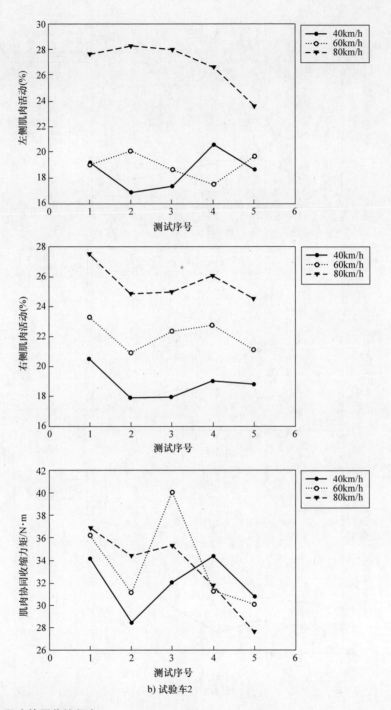

b) 试验车2

活程度与肌肉协同收缩程度

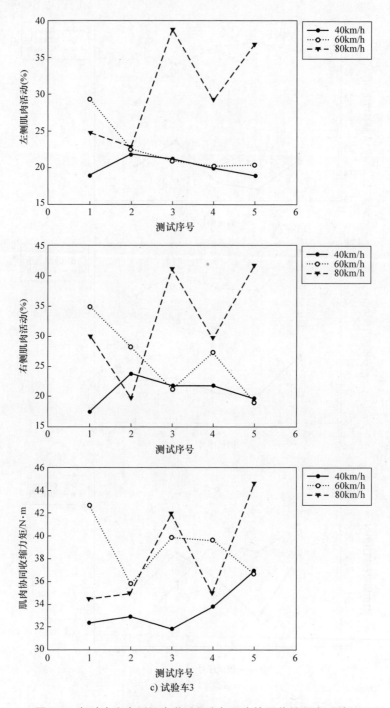

c) 试验车3

**图 4-9** 驾驶人左右侧肌肉激活程度与肌肉协同收缩程度（续）

第 4 章 考虑驾驶人肌电特性的手脚操纵部件性能评价

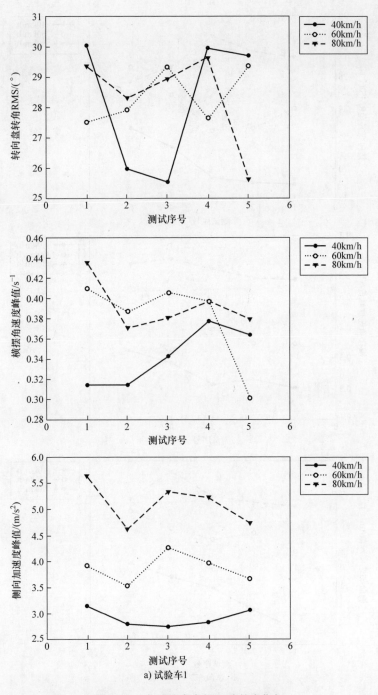

a) 试验车1

图 4-10 各试验车车辆运动状态指标

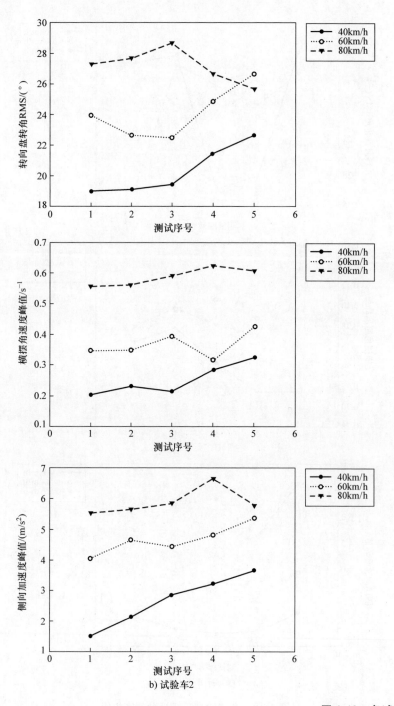

b) 试验车2

图 4-10 各试验车车

第4章 考虑驾驶人肌电特性的手脚操纵部件性能评价

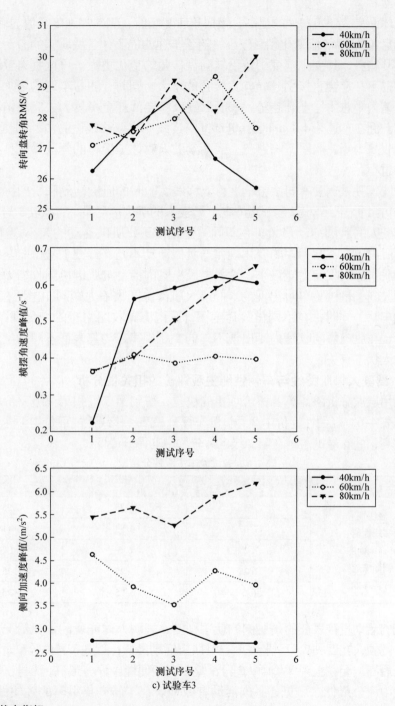

c) 试验车3

辆运动状态指标

总体而言，随着车速的提高，横摆角速度峰值、侧向加速度峰值显著提高，而转向盘转角 RMS 值变化相对较小。随着车速的提高，各块肌肉的激活程度均呈现上升趋势，其变化幅度相较于转向盘转角的变化更大。可见肌肉激活程度的上升并不一定会直接引起转向盘转角的增大。同时，随着车速的增加，肌肉协同收缩力矩总体呈上升趋势，表明驾驶人需要消耗更多体力去完成精准的路径跟随。而在车速为 40km/h 或 60km/h 时连续 5 次双移线试验中，驾驶人的肌肉协同收缩力矩总体呈下降趋势，表明驾驶人对该工况下的驾驶操纵具有逐渐熟悉的过程。

对比驾驶人驾驶不同试验车进行双移线试验时的肌肉活动和肌肉协同收缩力矩，可以看出，驾驶 2 号试验车时，驾驶人的肌肉活动最小；驾驶 3 号试验车时，驾驶人的肌肉活动最大。在不同试验速度下，肌肉活动的大小规律相同。同时，肌肉协同收缩力矩的变化规律与肌肉活动不同。驾驶 1 号试验车时，驾驶人的肌肉协同收缩力矩最小，试验中最小肌肉活动与肌肉协同收缩力矩并不是在驾驶同一辆试验车时出现的。而最大肌肉协同收缩力矩同样出现在驾驶 3 号试验车时。同时，在不同试验速度下，肌肉协同收缩力矩的变化规律相同。肌肉活动与肌肉协同收缩力矩出现不同的变化规律，与其表征不同的生理意义与驾驶人状态有关。

**3. 驾驶人骨肌特性与车辆性能主观评价的相关性分析**

利用层次分析法计算各评价项目的权重，得到第二级和第三级评价项目分数，见表4-6。轻便性评价中 2 号试验车评分最高。移线性能评价中 1 号试验车评分最高，而 3 号试验车在第二级各评分项中均得分最低。

表 4-6　各试验车主观评分结果

| | 试验车 1 | 试验车 2 | 试验车 3 |
|---|---|---|---|
| 轻便性 | 7 | 7.25 | 6.25 |
| 移线性能 | 7.07 | 6.53 | 6.11 |
| 转向准确度 | 7.25 | 6.5 | 6.125 |
| 侧倾感觉 | 7.25 | 6.25 | 5.75 |
| 疲劳程度 | 6.5 | 6.75 | 6.25 |

肌肉活动直接表征的是肌肉的使用程度，表明人体能量的消耗情况。如上所述，驾驶人在驾驶 2 号试验车时，其肌肉活动最低；驾驶 3 号试验车时，其肌肉活动最高。而在主观评价中，2 号试验车在轻便性中评分最高，3 号试验车在轻便性中评分最低。可见，肌肉活动有效地表征了转向操纵时的轻便性情况。驾驶人在施加更大转向力矩的转向操纵时，需要更大程度的肌肉收缩，即更大的肌肉活动。

然而，最小的肌肉活动并不意味着最小的肌肉协同收缩程度。虽然驾驶人在驾驶 2 号试验车时肌肉活动最小，但是其肌肉协同收缩程度大于驾驶 1 号试验车时的肌肉协同收缩程度。

肌肉协同收缩程度是主动肌与拮抗肌共同收缩的程度，协同收缩现象有利于操纵动作的精确控制。在主观评分中可以发现，1 号试验车的移线性能评分最高。驾驶人在驾驶 1 号试验车进行移线试验时，产生较小的肌肉协同收缩即可实现移线操纵动作的精确控制，同时较好的侧倾感觉使驾驶人对车辆状态和性能有清晰的判断，同样会使驾驶人付出较小的肌肉协同收缩即可达到控制效果。

为了进一步研究驾驶人骨肌特性与车辆运动状态以及驾驶人主观感觉之间的量化关系，本书对其进行相关性分析。将上述处理得到的驾驶人生理信息特征参数与车辆运动状态信息特征参数进行相关性分析，结果见表 4-7。

由表 4-7 可以看出，部分生理信息特征参数与车辆运动参数显示出了较好的相关性。肌肉活动表征的是操作量，但是其与转向盘转角 RMS 值并无较高的相关性。由之前的分析可以看出，在连续的试验过程中，驾驶人的肌肉激活程度是呈上升趋势的，尤其是试验速度增加之后，驾驶人为了准确地达到转向控制，提高动作控制的带宽，肌肉活动均有所上升，而转向盘转角 RMS 值的变化不大。

肌肉协同收缩力矩与转向盘转角 RMS 值、侧向加速度峰值以及横摆角速度峰值均有较高的相关性。车辆的响应峰值直接影响着驾驶人的主观感觉，同时也影响驾驶人生理信号的变化。随着试验车速的提升，横摆角速度、侧向加速度峰值增大，转向盘转角的变化速率也更快，因而要求驾驶人逐步提高运动关节的刚度和阻尼，保证关节的稳定性，造成的变化就是肌肉的协同收缩程度也随之上升，确保驾驶动作的完成。

表 4-7 驾驶人生理指标与车辆运动状态指标相关性分析结果

| | | 转向盘转角 RMS 值 | 横摆角速度峰值 | 侧向加速度峰值 |
|---|---|---|---|---|
| 左侧肌肉活动 | 相关系数 | 0.160 | 0.112 | 0.266 |
| | 显著性 | 0.222 | 0.395 | 0.040 |
| 右侧肌肉活动 | 相关系数 | 0.412 | 0.350 | 0.449 |
| | 显著性 | 0.001 | 0.006 | 0.000 |
| 肌肉协同收缩力矩 | 相关系数 | 0.820 | 0.840 | 0.804 |
| | 显著性 | 0.000 | 0.000 | 0.000 |

将上述处理得到的驾驶人生理信息特征参数与主观评分进行相关系数计算，得出两者相关系数与显著性结果见表 4-8。

表 4-8 驾驶人生理指标与主观评分相关性分析结果

| | | 左侧肌肉活动 | 右侧肌肉活动 | 肌肉协同收缩力矩 |
|---|---|---|---|---|
| 轻便性 | 相关系数 | -0.904 | -0.917 | -0.760 |
| | 显著性 | 0.13 | 0.010 | 0.230 |
| 转向准确度 | 相关系数 | -0.183 | 0.113 | -0.870 |
| | 显著性 | 0.729 | 0.831 | 0.024 |
| 疲劳程度 | 相关系数 | 0.640 | 0.804 | 0.640 |
| | 显著性 | 0.171 | 0.054 | 0.361 |
| 侧倾感觉 | 相关系数 | -0.577 | -0.375 | -0.541 |
| | 显著性 | 0.231 | 0.464 | 0.005 |

　　轻便性与左侧肌肉活动和右侧肌肉活动有着较高的相关性,这也部分验证了用肌肉活动来表征工作量大小和轻便性的方法。转向准确度、侧倾感觉与肌肉协同收缩力矩均具有较高相关性,进一步表明驾驶人的肌肉协同收缩程度能够表征驾驶任务的难易程度。疲劳程度的界定与轻便性有重复的地方,但是两者分别根据不同的工况进行试验打分。本试验中疲劳程度与现有生理信息特征参数之间尚未呈现明显相关性。

　　总体而言,较小的肌肉活动与肌肉协同收缩程度表明车辆具有较好的移线性能,驾驶人对车辆也具有更好的控制能力。车辆运动状态与驾驶任务的难易程度同样会对驾驶人的骨肌特性产生影响,同时骨肌特性也会影响驾驶人对车辆的准确控制。

## 4.1.6　结论

　　本节根据驾驶人转向操纵时上肢生物力学原理,进行人体骨肌动力学建模与仿真,分析了驾驶人进行典型转向操纵时的骨肌特性,定位了上肢主要工作肌群,并提取了上肢主要肌肉激活程度与肌肉协同收缩程度指标。在仿真分析的基础上,本书通过实车试验进一步分析驾驶人上肢骨肌特性,并与车辆运动状态和驾驶人主观感觉进行量化分析,得出以下结论:

　　1)通过仿真分析得出驾驶人转向操纵时的主要肌群包括:三角肌肩胛骨部、冈下肌、背阔肌、肩胛下肌、肱三头肌侧头和肱三头肌长头,其中肱三头肌长头、肱三头肌侧头、肩胛下肌、三角肌肩胛骨部、胸大肌胸骨部是产生转向力矩的主要肌群,冈下肌和背阔肌是产生转动转向盘时的径向力或垂向力的主要肌群。在此基础上,通过采集驾驶人进行转向操纵时上肢主要肌群的表面肌电信号,发现其左右侧肱三头肌长头与三角肌前部激活程度明显较大,且左右侧激活程度与变化规律较为相似。

2）通过骨肌模型仿真以及实车试验采集表面肌电信号并分析处理，对驾驶人上肢肌肉协同收缩特性进行了分析。肌肉协同收缩有助于提高运动控制的带宽，在驾驶人转向操纵中有助于驾驶人进行准确的轨迹跟随控制，同时在实车试验过程中肌肉协同收缩的变化也体现出驾驶人对车辆与操纵任务的适应过程。

3）肌肉协同收缩程度和肌肉激活程度与车辆的运动状态和驾驶人的主观感觉具有映射关系，其中肌肉激活程度与操纵轻便性相关，能够有效表征驾驶人操纵体力负担；肌肉协同收缩程度与操纵难易程度相关，能够有效表征驾驶人骨肌操纵能力。同时，不同车辆的操纵特性也显著影响驾驶人的生理特征。因此，肌肉激活程度与肌肉协同收缩程度能够对车辆操纵性能以及驾驶人骨肌操纵能力评价提供参考。

## 4.2 驾驶人下肢踏板操纵骨骼肌特性与汽车踏板设计及评价

### 4.2.1 研究背景

随着我国汽车工业的迅速发展，消费者在关注汽车安全性、稳定性以及可靠性等基本性能的同时，也在越来越多地关注着汽车的舒适性能。汽车的舒适性能包括两部分，一部分是操纵舒适性，另一部分是乘坐舒适性。其中，与驾驶人的安全、效率以及健康直接相关的是操纵舒适性，驾驶人的操纵舒适性主要取决于汽车转向盘、座椅以及踏板等与驾驶人的匹配关系。因此，为了使驾驶人能够在驾驶过程中获得更加舒适的驾驶姿势，提高驾驶人的操纵舒适性，如何改善驾驶室的内部布置已经成为现代汽车人机交互设计的主要研究课题。

在汽车的行驶过程中，驾驶人需要根据不同的道路状况对制动踏板、加速踏板以及离合器踏板进行操作，以控制车辆的行驶速度。踏板作为使用最频繁的操纵机构，其设计好坏对驾驶人的操纵舒适性有着重要的影响。不舒适的驾驶容易使驾驶人的肌肉产生疲劳，从而造成肌肉酸痛，甚至有增加交通事故发生率的可能。

目前，许多学者将生物力学的相关理论应用于汽车人机交互设计的研究中，通过对骨骼肌肉系统的研究从根本上揭示造成驾驶不舒适的原因。研究人体生物力学常用的两种方法分别是运动生物力学的理论分析方法以及运动生物力学的试验研究方法：前者主要是利用计算机对人体骨骼模型进行仿真，从而获取关键的生物力学评价指标，其特点是不仅可以降低成本、缩短周期，还可以避免试验误差造成的影响；后者通过捕捉运动过程中的运动数据，获取能够反映肌肉活动状态的生物电信号，利用肌电信号数据对肌肉的活动进行分析，其不足是试验成本高、周期长、存在一定的试验误差，且不能获取关节力及关节力矩等参数。

良好的人机参数设计是提升车辆用户驾乘体验感的关键，而目前的人机参数校核设计主要依据美国 SAE 标准进行，其中，SAE 的人体基础数据源于欧美人体特征，因此缺乏针对中国人体特征的本地适应性开发。本书以建立中国人体特色的人机校核指标及约束范围的角度出发，提出面向中国人体的汽车人机数据库并规范人机参数试验的测试流程。

### 4.2.2 研究现状

现有的对驾驶人下肢舒适度评价方法主要是通过测量驾驶人下肢各个关节的关节角度，并分别与各关节角度的舒适范围进行比较来实现的。用于评价舒适度关节角度的数据大多数来自于国外学者的统计分析，因此，仍然缺乏面向中国驾驶人人体特征的关节角度舒适范围。

国外针对汽车人机工程方面的研究起步较早，特别是关于汽车踏板的操纵舒适性，已有大量的国外学者进行了研究。

（1）操纵舒适性方面

Bubb H[40]等人从人体生物力学的角度，同时考虑试验者的主观评价，对受试者的操纵舒适性进行研究，测试车辆上安装 6 个摄像头。并得出以下两点结论：相对关节角与舒适性之间存在近似线性的关系；维持某一固定姿势时需要的实际关节力矩几乎与舒适性没有关系。Dufour F[41]等人，采用了建模的方法，对操纵不舒适性进行了分析，得到了关节角度、关节力以及关节力矩三个特征参数在变化时，分别对操纵不舒适性变化趋势的影响。Serge H. Roy[42]等人测量人体在进行手提动作时的表面肌电信号，分析不同参数在此过程中的变化情况，并作为研究人体肌肉疲劳的基础。

（2）汽车踏板人机工程学方面

Brook S[43]等人集中于加速踏板动作以及制动踏板动作的研究，深入分析驾驶人右腿舒适性的影响因素，设计并开发驾驶人与踏板之间人机交互数据的测量系统。通过记录不同驾驶姿势及驾驶风格的客观舒适性数据，验证了驾驶人-踏板交互的人机工程学测量系统运行良好。Sendler D I J[44]等人将驾驶人的生理特征考虑在内，采用人机交互界面的基本方法，对制动踏板的特性进行了研究。通过大量的测量为踏板驱动模块提供基础，从而将踏板驱动单元用于人机界面的分析试验。Xuguang Wang[45]等人研究了驾驶人操纵离合器踏板时舒适性的主观感知，对 15 名受试者进行试验，从而分析驾驶人的主观评价与关节角度、关节力矩以及操作等生物力学参数之间存在的关联，从人机工程学的角度解释了产生脚部控制不舒适的原因，并为操纵操控装置的设计提供了依据。

(3) 踏板舒适性评价方面

丁晨、王君泽[46]等人将人机工程学与人体下肢在驾驶室内的空间关系相结合,利用 AnyBody 软件建立了驾驶人下肢的骨肌模型,输入运动学参数,对驾驶人踩踏加速踏板的过程进行逆向动力学仿真。一方面,得到不同肌肉的激活程度,将其控制在一定的范围内可以达到缓解肌肉疲劳的效果;另一方面,得到了各关节的节点力,对重要的节点力进行分析从而为踏板机构的优化提供依据。

姚建辉[47]将骨骼肌肉系统的相关理论知识引入到车辆的人机工程学中,利用 CATIA 软件建立虚拟驾驶室模型,分别对驾驶人踩踏踏板时的下肢姿势以及转动转向盘时的上肢姿势进行仿真,对驾驶人的关节力矩和肌肉力进行了研究,通过对肌肉力仿真结果的分析,提出了肌肉不舒适度的评价指标——肌肉负荷。通过踝关节的局部不舒适度,分析出局部不舒适度与整体不舒适度的各权重因子,最后得到评价整体不舒适度的模型。

### 4.2.3 仿真

**1. 驾驶人骨肌动力学系统建模**

座椅模型主要由 5 个部分组成:头枕、靠背、椅面、腿部支承以及脚部支承。按照乘用车车身内部布置的推荐尺寸[48],对座椅的数据进行设置。

在 AnyBody 软件开发时,定义的初始人体模型尺寸大约是欧洲男性第 50 百分位人体尺寸。而本书的研究主要是针对中国驾驶人,因此需要对人体模型中的参数进行调整,将身高修改为 175cm,体重修改为 67kg,从而提高仿真数据的有效性。

对于转向盘模型,设置其初始半径为 15cm,与水平面间的夹角为 60°。

对于加速踏板模型,设置其初始角度为 120°,且加速踏板模型各参数设定值见表 4-9。

表 4-9 踏板模型参数

| 参数 | 设定值 |
| --- | --- |
| 踏板长度/mm | 90 |
| 踏板宽度/mm | 50 |
| 踏板行程/mm | 45 |
| 弹簧刚度/(N/mm) | 40 |

各模型连接如下:添加座椅模型,建立人体模型与座椅模型之间的运动学连接,使人体的坐姿可以随座椅参数的调整而改变。且为了能够使人体与座椅

之间进行力的传递，分别在座椅的头枕、靠背、椅面以及脚部支承处添加了支承点[49]。

添加转向盘模型，分别在人体模型的左右手与转向盘之间添加球铰约束，从而对每只手都增加了 3 个约束。此时，模型中存在相互矛盾且多余的运动学约束，导致模型不能正常运动。因此，需要删除与增加数目相同的已有约束，才能确保模型的正确组装和运动仿真。模型中手臂的驱动包括：肩部 3 个关节角、肘部 1 个关节角、前臂 1 个内旋角以及手腕部两个关节角。当手臂运动时，肩部屈伸与肘部关节角是实时变化的，因此需要删除这两个约束[50]。且手部与转向盘连接，即当肘部发生弯曲时，也不会出现肩部内旋和外旋的情况，所以此约束也需要删除。

添加加速踏板模型，它通过铰链与全局参照系连接，因此只有一个方向的运动能力，即绕着铰链转动。

人体模型则更为复杂，具有一些内部自由度，必须加以控制：髋关节的 3 个转动、膝盖的 1 个转动以及脚踝的 2 个转动。这 6 个内部自由度，加上整个人体模型在空间的 6 个自由度和踏板 1 个自由度，就是 13 个自由度。因此，为了使模型运动学确定，需要增加 13 个约束。具体为：

1) 把骨盆固定到全局参照系中：骨盆将完全固定在全局参照系中一点，从而消除 6 个自由度。

2) 连接脚和踏板：去掉人体模型右脚与脚部支承之间的约束，与此同时，添加人体模型右脚与加速踏板之间的球铰约束。

3) 设置脚踝的角度：在人体模型中脚踝是一个万向节，这意味着对于踝关节将通过两个约束进行固定。

4) 确定膝关节的横向位置。

5) 驱动踏板：当加速踏板转动时，脚面也随之进行转动，且转动过程中脚面始终与加速踏板平面保持平行。

添加座椅模型、转向盘模型及加速踏板模型，进行各模型间的连接后，得到的仿真模型如图 4-11（见彩插）所示。

**2. 驾驶人骨肌动力学系统仿真测试与踏板位置**

驾驶人对踏板的踩踏动作，主要是通过人体腿部的运动完成。因此，本书主要考虑人体下肢的生物力学特性。对关节力和关节力矩的研究，可以从根本上揭示产生不舒适的原因。驾驶室内的不合理布置容易引起人体肌肉产生疲劳，而人体肌肉疲劳又与肌肉的激活程度之间有一定的关联。本书对髋关节、膝关节和踝关节三个关节的关节力、关节力矩，以及参与运动的主要肌肉的激活程度进行研究。

其中，每个关节都产生三个关节力及三个关节力矩。结合人体模型踩动踏

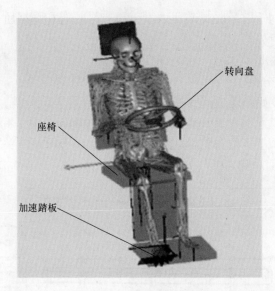

**图 4-11　人体－座椅－转向盘－加速踏板仿真模型**

板的仿真动作,在内外侧力、近远端力以及前后侧力三个关节力中,选取对仿真结果影响较大的关节力。由于腿部几乎不产生左右方向的力,即对内外侧力的影响较小,选取近远端力和前后侧力两个关节力作为研究对象。关节力矩则以屈伸力矩的研究为主。

研究表明,在腿部完成踏板踩踏的运动过程中,较为活跃且变化较为明显的4块肌肉分别是胫骨前肌、股直肌、腓肠肌以及腘绳肌。因此,肌肉激活程度的研究主要针对以上4块肌肉进行。4块肌肉在人体腿部的分布如图4-12所示,其中,腓肠肌由腓肠肌内侧和腓肠肌外侧两块肌肉组成,腘绳肌由半腱肌、半膜肌以及股二头肌长头组成。

考虑到实车布置中,需在驾驶人右侧同时进行制动踏板和加速踏板两个踏板的布置,对加速踏板的

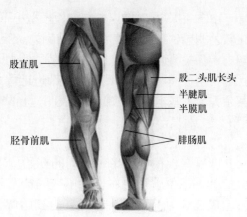

**图 4-12　主要研究的肌肉在人体腿部分布**

空间布置在左右方向上的变化有较高的限制。结合实际,在仿真试验中,只对踏板模型的前后位置和上下位置进行调整。综上所述,本文通过改变加速踏板上下和前后的空间布置位置,对人体下肢三个关节的近远端关节力、前后侧关

节力、屈伸关节力矩以及胫骨前肌、股直肌、腓肠肌和腘绳肌4块主要肌肉激活程度的影响进行分析。

(1) 关节力的影响

1) 上下位置分析。

在踏板模型初始布置位置的基础上，改变其上下空间位置，即踏板模型沿 $Y$ 轴变化。由初始位置下方30mm至初始位置上方30mm变化，每次增量10mm。

随着踏板模型上下位置的变化，髋关节、膝关节以及踝关节三个关节的近远端力（$F_1$）和前后侧力（$F_2$）如图4-13所示。

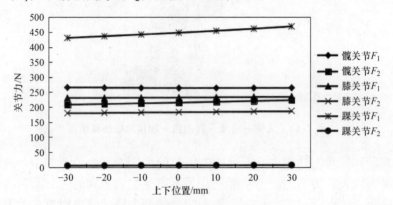

图4-13 调整上下位置时的关节力

由图4-13可以看出，在踏板模型上下移动的过程中，踝关节近远端力的变化较为明显，其次是髋关节前后侧力。除了这两个关节力外，对于髋关节近远端力、膝关节近远端力、膝关节前后侧力以及踝关节前后侧力的影响都比较小。且随着踏板模型向上移动，踝关节近远端力和髋关节前后侧力都呈现增大趋势，其余关节力基本保持不变。这表明适当降低踏板布置的上下位置有利于减轻关节的发力程度。

2) 前后位置分析。

恢复踏板模型在 $Y$ 轴方向的初始位置，即将 $Y$ 值重新设定为原始值，在保持其上下位置和左右位置不变的情况下，只改变模型的前后位置，使踏板模型仅在 $X$ 轴方向发生变化。由初始位置靠近人体模型30mm至初始位置远离人体模型30mm变化，每次增量10mm。改变踏板模型的前后位置，得到的三个关节所受近远端关节力（$F_1$）和前后侧关节力（$F_2$）如图4-14所示。

从图4-14可看出，随着踏板模型向后即远离人体模型的方向移动，膝关节近远端力和膝关节前后侧力均逐渐增大，表明踏板布置的前后位置对膝关节的影响较大。髋关节前后侧力随着踏板模型的后移而逐渐减小，其他关节力的变

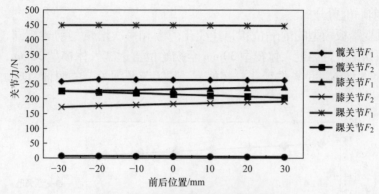

图 4-14 调整前后位置时的关节力

化均不明显。因此,在踏板模型空间布置时,既要考虑膝关节近远端力和膝关节前后侧力不能过大,又要保证髋关节前后侧力足够小,才能使各个关节的发力比较合理。

(2) 关节力矩的影响

1) 上下位置分析。

在踏板模型保持前后方向和左右方向位置不变的条件下,使踏板模型仅在 $Y$ 轴方向变化,且变化范围不变,依然由初始位置下方 30mm 变化至初始位置上方 30mm,每次增量 10mm。随着踏板模型上下位置的改变,髋关节、膝关节以及踝关节的屈伸力矩如图 4-15 所示。

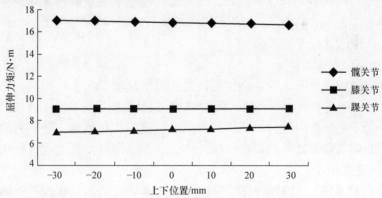

图 4-15 调整上下位置时的屈伸关节力矩

从图 4-15 可知,踏板模型上下位置的改变,对膝关节的屈伸力矩几乎没有影响。对髋关节及踝关节的屈伸力矩稍有影响,但是整体来说变化不大。其中,髋关节屈伸力矩随踏板模型的上移而逐渐减小,踝关节屈伸力矩随踏板模型的上移则呈增大趋势。比较三个关节的关节力矩,髋关节产生的力矩最大,其次是膝关节,踝关节的力矩则最小。

2）前后位置分析。

只改变踏板模型的前后位置，且变化范围和每次增量与前述相同，即变化范围为从初始位置靠近人体模型 30mm 至初始位置远离人体模型 30mm，增量为 10mm。随踏板前后位置的变化，髋关节、膝关节及踝关节的屈伸力矩如图 4-16 所示。

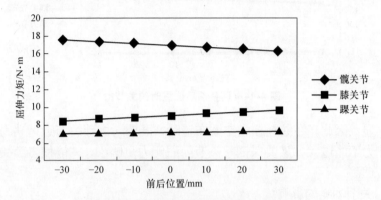

图 4-16 调整前后位置时的屈伸关节力矩

图 4-16 中踝关节的屈伸力矩在踏板模型前后移动的过程中基本保持不变。随着踏板向后移动即逐渐远离人体模型，髋关节的屈伸力矩呈下降趋势，而膝关节的屈伸力矩则呈上升趋势。但从整体上来看，踏板前后位置的变化对髋关节产生力矩的影响更为显著。因此，评价踏板模型前后空间布置时，在结合各关节产生力矩大小的前提下，应着重考虑髋关节的屈伸力矩。

(3) 肌肉激活程度的影响

1）上下位置分析。

只改变踏板模型上下的空间位置，变化范围及增量与上述相同，得到胫骨前肌（TA）、股直肌（RF）、腓肠肌（GAS）以及腘绳肌（HAM）4 块肌肉的激活程度。为了更加直观地分析不同肌肉激活程度的变化趋势，分别将激活程度较高的胫骨前肌和腓肠肌绘制在一幅图中，将激活程度较低的股直肌和腘绳肌绘制在另一幅图中。

由图 4-17 可知，随着踏板模型向上移动，4 块肌肉激活程度的整体变化趋势均为先增大后减小。踏板位于初始位置上方 10mm 处，胫骨前肌和腓肠肌两块肌肉的激活程度达到最大值。踏板位于初始位置下方 10mm 处，股直肌和腘绳肌两块肌肉的激活程度达到最大值。且由于胫骨前肌和腓肠肌的活跃程度远大于股直肌和腘绳肌，这表明在踏板布置过程中，适当降低踏板的高度，更有利于减小胫骨前肌和腓肠肌的激活程度。

2）前后位置分析。

第 4 章 考虑驾驶人肌电特性的手脚操纵部件性能评价

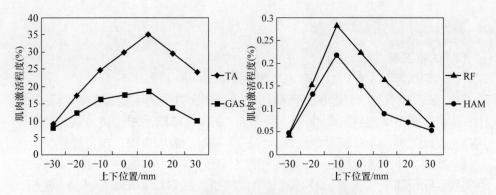

图 4-17 调整上下位置的肌肉激活程度

使踏板模型仅在 $X$ 轴方向发生变化,且变化范围与增量保持不变,肌肉激活程度随踏板前后位置变化。与上述相同,依然将胫骨前肌和腓肠肌的激活程度随踏板前后位置的变化绘制在一幅图中,将股直肌和腘绳肌绘制在另一幅图中。

从图 4-18 中可以看出,在踏板前后位置移动的过程中,腓肠肌激活程度的波动范围相对较小。踏板距离人体模型最近即初始位置向前移动 30mm 时,4 块肌肉的激活程度均较高,且股直肌和腘绳肌的激活程度达到最大值,这表明踏板在空间布置时不应距离驾驶人过近。随着踏板开始向后移动,4 块肌肉的激活程度均呈下降趋势。至初始位置前 10mm 处,胫骨前肌、股直肌和腘绳肌的激活程度同时达到最小值,此时腓肠肌的激活程度也相对较小,该位置对踏板的空间布置较为有利。踏板继续向后移动时,胫骨前肌激活程度增加的幅度较为明显,其他 3 块肌肉变化不大。踏板移动至最远处时的肌肉激活程度也都较高,此时的位置也不利于踏板的空间布置。

总的来说,踏板位置的改变对关节力和关节力矩的影响较小,而对肌肉激活程度的影响较为显著。

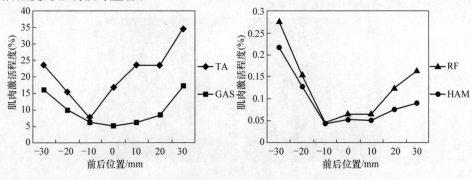

图 4-18 调整前后位置时的肌肉激活程度

### 4.2.4 试验

**1. 试验工况**

试验包括驾驶人脚后跟不离地及脚后跟离地两种工况。

1) 脚后跟不离地。驾驶人调整至舒适坐姿,首先将右脚轻放在制动踏板上:①脚后跟不离地从制动踏板切换至加速踏板;②脚后跟不离地从加速踏板切换至制动踏板;③将制动踏板踩到底;④将制动踏板放松;⑤将加速踏板踩到底;⑥将加速踏板放松;⑦将加速踏板踩至半行程;⑧将加速踏板放松;⑨将制动踏板踩至半行程;⑩将制动踏板放松。每名驾驶人每台试验车进行3次试验。

2) 脚后跟离地。驾驶人调整至舒适坐姿,首先将右脚轻放在制动踏板上:①脚后跟离地从制动踏板切换至加速踏板;②脚后跟离地从加速踏板切换至制动踏板;③将制动踏板踩到底;④将制动踏板放松;⑤将加速踏板踩到底;⑥将加速踏板放松;⑦将加速踏板踩至半行程;⑧将加速踏板放松;⑨将制动踏板踩至半行程;⑩将制动踏板放松。每名驾驶人每台试验车进行3次试验。

试验的具体步骤如下:

1) 在试验前,对每名驾驶人的基本人体尺寸进行测量。

2) 驾驶人以正常驾驶姿势坐于驾驶位,双手持握转向盘,调节转向盘及座椅位置,使驾驶人获得舒适的驾驶姿势,测量H点位置、各踏板平面倾角、各踏板相对于H点的空间位置以及加速踏板与制动踏板之间的空间位置关系。

3) 分别测量驾驶人轻放在制动踏板和加速踏板时的踝关节、膝关节以及髋关节角度,以及制动踏板和加速踏板达到最大行程时,驾驶人的踝关节、膝关节及髋关节角度。

4) 接通仪器电源,使之预热到正常工作温度。

5) 将肌电电极片粘贴于驾驶人右腿的4块肌肉处。电极片粘贴于驾驶人体表的相应位置如图4-19所示。

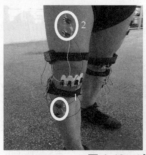
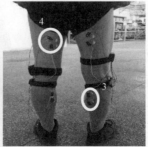

**图4-19 试验测试肌肉**

1—胫骨前肌 2—股直肌 3—腓肠肌 4—腘绳肌

6)测量并记录驾驶人的肌电信号,观察采集到的信号是否正确。如有问题,及时进行检查和调整。

7)对驾驶人的 4 块肌肉进行标定。使 4 块肌肉分别处于其最大自主收缩状态(MVC),记录肌电信息。

8)驾驶人按规定的两种工况分别进行实车试验,每个工况重复三次,记录肌电信息。

9)更换试验员/试验车辆,重复进行上述试验步骤。

每名驾驶人需要进行 5 辆商用车的实车试验,每辆商用车需要对 6 名驾驶人进行实车试验。在试验中需要注意的是当驾驶人踩动踏板使其达到最大行程时,驾驶人需保持踩到底动作 2s,且两次踩动踏板的操作之间应有 5s 的间隔时间。

**2. 试验人员与设备**

试验人员为在一汽技术中心长期工作的 5 名长途驾驶人,各驾驶人的体征信息见表 4-10。

表 4-10 试验员体征信息

| 参数 | 1 | 2 | 3 | 4 | 5 |
|---|---|---|---|---|---|
| 身高/cm | 168 | 172 | 172 | 172 | 173 |
| 体重/kg | 80 | 67 | 70 | 80 | 85 |
| 年龄 | 43 | 29 | 30 | 39 | 44 |

5 辆试验车辆均由中国第一汽车股份有限公司技术中心提供,分别是如图 4-20(见彩插)所示的 A 商用车、B 商用车、C 商用车、D 商用车以及 E 商用车。

a) A 商用车

b) B 商用车

c) C 商用车

d) D 商用车

e) E 商用车

图 4-20 试验车辆

选用美国 Biopac 公司生产的肌电测试设备，如 4.1.4 小节所述。

**3. 数据处理**

试验过程中采集到的原始肌电信号不能被直接使用，还需要对其进行 25～250Hz 的降噪处理、全波整流以及线性化处理，其处理流程图如图 4-21 所示。

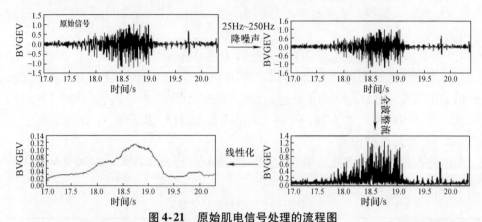

图 4-21 原始肌电信号处理的流程图

在 Analysis 选项中选择 Electromyography 的 Derive Root Mean Square EMG，即可完成对肌电信号的全波整流和线性化处理。

肌电信号的计算公式为

$$\text{RMS} = \sqrt{1/T \int_0^T \text{EMG}^2(t) \, dt} \tag{4-7}$$

其中，$T = 1\text{s}$。将 $T$ 平均分成采样前和采样后两个部分，即每个部分的时间均为 $0.5\text{s}$。对于不同的采样点，都要利用公式重新计算其 RMS 值。在本次试验里，将 1000Hz 设定为采样的频率，则 $\text{RMS}_{500}$ 的计算公式如下：

$$\text{RMS}_{500} = \sqrt{\frac{1}{1000} \sum_{i=1}^{1000} \text{EMG}^2(i)} \tag{4-8}$$

以此方法，计算下一个数据为中心时，1000 个数据的 RMS 值。对所有采样点进行计算完毕后，求取其平均值，所得到的即为肌电信号的 RMS 值。

将试验中获取的肌电信号 RMS 值（$\text{RMS}_{500}$）与肌肉最大自主收缩（MVC）的 RMS 值（$\text{RMS}_{\text{MVC}}$）相除得到肌肉激活程度（Act）。求取肌肉激活程度后，即可对驾驶人在不同工况下的反应强度进行分析。

$$\text{Act} = \frac{\text{RMS}_{500}}{\text{RMS}_{\text{MVC}}} \tag{4-9}$$

### 4.2.5 结果分析

**1. 试验结果**

对比 A、B、C、D、E 五辆商用车的实车试验数据，分别见表 4-11～

表 4-15，发现在同一工况下，驾驶人完成不同操纵动作时，肌肉激活程度的整体变化趋势基本相同。因此，以 D 商用车驾驶人脚后跟离地和脚后跟不离地两大工况为例，分别求取 6 名驾驶人 4 块肌肉激活程度的均值，并对其在不同操纵动作下的变化进行分析。将 D 商用车脚后跟不离地各肌肉激活程度绘制成图，如图 4-22 所示。

表 4-11　A 商用车脚后跟不离地肌肉激活程度

|  | 胫骨前肌（%） | 股直肌（%） | 腓肠肌（%） | 腘绳肌（%） |
| --- | --- | --- | --- | --- |
| 制动－加速 | 14.4414 | 5.2953 | 5.9790 | 3.7100 |
| 加速－制动 | 21.2482 | 5.1350 | 5.4687 | 4.3908 |
| 制动踩到底 | 7.2755 | 6.9634 | 11.7490 | 3.9880 |
| 制动放松 | 14.8678 | 5.9333 | 7.0007 | 5.6166 |
| 加速踩到底 | 11.5533 | 4.8189 | 10.5642 | 5.0708 |
| 加速放松 | 12.4348 | 3.5799 | 5.0570 | 4.6392 |
| 加速踩至半行程 | 5.3916 | 3.2654 | 7.1610 | 4.4385 |
| 加速放松 | 12.3374 | 3.1632 | 3.9771 | 3.7330 |
| 制动踩至半行程 | 15.7754 | 5.0653 | 6.3849 | 4.9172 |
| 制动放松 | 19.8132 | 4.3243 | 4.4043 | 4.6999 |

表 4-12　B 商用车脚后跟不离地肌肉激活程度

|  | 胫骨前肌（%） | 股直肌（%） | 腓肠肌（%） | 腘绳肌（%） |
| --- | --- | --- | --- | --- |
| 制动－加速 | 26.8139 | 5.5470 | 11.5933 | 5.4216 |
| 加速－制动 | 33.6635 | 4.1037 | 13.2309 | 5.9639 |
| 制动踩到底 | 27.9910 | 8.9795 | 12.4261 | 5.7022 |
| 制动放松 | 30.9119 | 7.6445 | 11.7370 | 5.4152 |
| 加速踩到底 | 26.7367 | 6.0547 | 11.8972 | 4.8880 |
| 加速放松 | 23.5192 | 4.2558 | 11.3883 | 4.1266 |
| 加速踩至半行程 | 22.8075 | 4.1383 | 11.1731 | 4.2062 |
| 加速放松 | 23.4915 | 3.6133 | 11.2446 | 4.3485 |
| 制动踩至半行程 | 35.7108 | 4.4923 | 13.0650 | 5.3130 |
| 制动放松 | 30.7483 | 5.4188 | 11.0887 | 4.9562 |

表 4-13　C 商用车脚后跟不离地肌肉激活程度

|  | 胫骨前肌（%） | 股直肌（%） | 腓肠肌（%） | 腘绳肌（%） |
| --- | --- | --- | --- | --- |
| 制动-加速 | 30.0727 | 8.7181 | 9.8365 | 4.9470 |
| 加速-制动 | 40.1129 | 12.1171 | 10.7424 | 4.7450 |
| 制动踩到底 | 30.7629 | 10.1955 | 15.9748 | 4.5988 |
| 制动放松 | 31.6570 | 6.1583 | 14.0244 | 4.6818 |
| 加速踩到底 | 28.7708 | 6.9514 | 10.2704 | 4.8929 |
| 加速放松 | 32.2714 | 8.1477 | 11.3381 | 5.0102 |
| 加速踩至半行程 | 31.3528 | 5.5568 | 11.1817 | 5.0643 |
| 加速放松 | 31.0618 | 7.4443 | 10.7043 | 5.0517 |
| 制动踩至半行程 | 46.0314 | 12.1795 | 10.0433 | 5.1545 |
| 制动放松 | 30.9788 | 8.2863 | 11.1871 | 5.0102 |

表 4-14　D 商用车脚后跟不离地肌肉激活程度

|  | 胫骨前肌（%） | 股直肌（%） | 腓肠肌（%） | 腘绳肌（%） |
| --- | --- | --- | --- | --- |
| 制动-加速 | 44.1260 | 12.1334 | 19.9294 | 7.8490 |
| 加速-制动 | 56.9365 | 10.1161 | 23.0113 | 9.9212 |
| 制动踩到底 | 40.1761 | 17.6860 | 22.1618 | 8.0984 |
| 制动放松 | 45.2066 | 15.5929 | 22.4280 | 8.2551 |
| 加速踩到底 | 39.3062 | 15.4045 | 22.1831 | 7.5903 |
| 加速放松 | 32.8233 | 10.0802 | 23.8352 | 8.3388 |
| 加速踩至半行程 | 26.3474 | 10.0917 | 23.6704 | 8.2377 |
| 加速放松 | 31.0668 | 9.8697 | 22.1828 | 8.3089 |
| 制动踩至半行程 | 53.8110 | 11.8467 | 23.8259 | 8.7297 |
| 制动放松 | 48.2378 | 12.7340 | 19.0828 | 7.4825 |

表 4-15　E 商用车脚后跟不离地肌肉激活程度

|  | 胫骨前肌（%） | 股直肌（%） | 腓肠肌（%） | 腘绳肌（%） |
| --- | --- | --- | --- | --- |
| 制动-加速 | 36.6659 | 28.8020 | 19.5960 | 22.5229 |
| 加速-制动 | 46.9194 | 28.3347 | 18.1366 | 17.0814 |
| 制动踩到底 | 37.4127 | 33.0689 | 17.4336 | 17.2790 |
| 制动放松 | 50.8228 | 30.4455 | 22.2780 | 22.1813 |
| 加速踩到底 | 26.5867 | 28.4888 | 20.0649 | 21.8715 |
| 加速放松 | 39.2344 | 27.3482 | 16.7185 | 16.8607 |
| 加速踩至半行程 | 26.2953 | 26.5005 | 14.4613 | 18.0987 |
| 加速放松 | 37.3547 | 25.8254 | 13.5270 | 16.9177 |
| 制动踩至半行程 | 45.6444 | 33.3638 | 18.3389 | 22.0100 |
| 制动放松 | 52.2558 | 30.6469 | 13.4023 | 18.2037 |

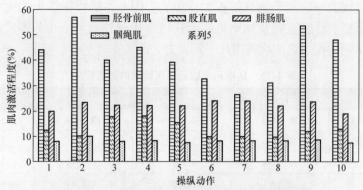

图 4-22 D 商用车脚后跟不离地时各肌肉激活程度

操纵动作 1 代表制动踏板到加速踏板切换的过程，操纵动作 2 代表加速踏板到制动踏板切换的过程，操纵动作 3 代表制动踏板踩到底的过程，操纵动作 4 代表制动踏板踩到底后放松的过程，操纵动作 5 代表加速踏板踩到底的过程，操纵动作 6 代表加速踏板踩到底后放松的过程，操纵动作 7 代表加速踏板踩至半行程的过程，操纵动作 8 代表加速踏板踩至半行程后放松的过程，操纵动作 9 代表制动踏板踩至半行程的过程，操纵动作 10 代表制动踏板踩至半行程后放松的过程。

从图 4-22 中可以得出，在脚后跟不离地的试验过程中，胫骨前肌和腓肠肌相对于股直肌和腘绳肌，其肌肉的激活程度相对较高。这与 AnyBody 逆向动力学仿真分析中所得到的结论一致。这表明在踏板操作过程中，小腿的肌肉发力要明显大于大腿肌肉，即胫骨前肌和腓肠肌这两块小腿肌肉更容易引起疲劳，产生不舒适的感觉。且胫骨前肌在整个操作过程中的波动范围最大。由于制动踏板相对于加速踏板的空间位置较高，因此，从制动踏板切换到加速踏板的肌肉激活程度比从加速踏板切换到制动踏板的小，也就是说从制动踏板到加速踏板这个过程更省力。制动踏板和加速踏板踩到底时腓肠肌肌肉激活程度均比制动踏板和油门踏板踩至半行程时大，这表明踏板行程对肌肉的激活程度有一定的影响。

由于 5 辆商用车在驾驶人脚后跟离地情况下，试验数据的变化趋势基本相同，因此，同样地选取 D 商用车为例。表 4-16 为 D 商用车在驾驶人脚后跟离地时各肌肉激活程度，图 4-23 是根据表 4-16 绘制得到的。对比脚后跟不离地和脚后跟离地两种工况下各操纵动作的肌肉激活程度可知，两种工况下肌肉激活程度的整体变化趋势基本相同，但在完成同一操纵动作时，脚后跟不离地时肌肉的激活程度均高于脚后跟离地时肌肉的激活程度。这是由于脚后跟离地的工况，髋关节的运动降低了腿部肌肉的活跃程度。制动踏板踩至半行程及放松过程的肌肉激活程度均高于加速踏板踩至半行程及放松的过程，这是由于在实车中制动踏板的操纵力一般大于加速踏板的操纵力。因此，踏板操纵力的大小影响肌肉的激活程度。且股直肌及腘绳肌的活跃程度相对较低且变化范围较小，这说明在整个试验过程中这两块肌肉几乎不发力，比较不容易引起疲劳。

表4-16  D商用车脚后跟离地肌肉激活程度

| | 胫骨前肌（%） | 股直肌（%） | 腓肠肌（%） | 腘绳肌（%） |
| --- | --- | --- | --- | --- |
| 制动-加速 | 25.5899 | 8.0425 | 13.3809 | 5.2816 |
| 加速-制动 | 29.1800 | 7.3709 | 12.1351 | 5.2893 |
| 制动踩到底 | 25.9038 | 8.3272 | 16.9939 | 4.8689 |
| 制动放松 | 32.2491 | 8.3558 | 16.3374 | 6.0198 |
| 加速踩到底 | 28.4403 | 8.4907 | 14.5958 | 7.2377 |
| 加速放松 | 24.1796 | 5.8247 | 14.7008 | 5.9610 |
| 加速踩至半行程 | 18.2647 | 5.4999 | 14.2955 | 6.1460 |
| 加速放松 | 23.2868 | 5.2358 | 14.0173 | 5.4738 |
| 制动踩至半行程 | 26.6851 | 8.2336 | 12.6453 | 6.1553 |
| 制动放松 | 34.0299 | 7.5300 | 15.3433 | 6.2314 |

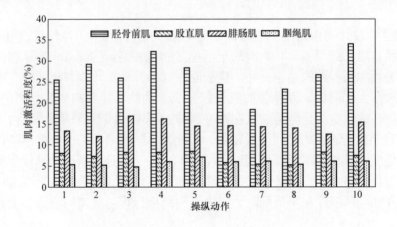

图4-23  D商用车脚后跟离地时各肌肉激活程度

为研究不同试验车下各肌肉的变化情况，将5名驾驶人在5辆不同商用车上脚后跟不离地时右侧胫骨前肌、股直肌、腓肠肌及腘绳肌的激活程度分别绘制成如图4-24所示的箱形图。不同车辆制动踏板及加速踏板的空间布置位置见表4-17。为了便于与仿真试验中得到的数据进行对比分析，定义实车中踏板空间布置的坐标系与仿真中的空间坐标系相同，即$X$表示踏板相对于H点前后方向的位置，$Y$表示踏板相对于H点上下方向的位置，$Z$表示踏板相对H点左右方向的位置。

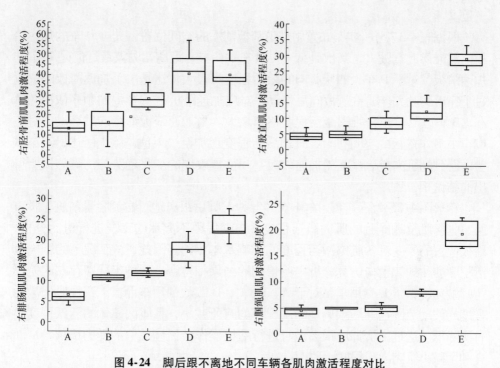

图 4-24 脚后跟不离地不同车辆各肌肉激活程度对比

表 4-17 制动踏板及加速踏板空间布置位置

| 车型 | 制动踏板/mm | | | 加速踏板/mm | | | 两踏板间/mm | |
|---|---|---|---|---|---|---|---|---|
| | $X$ | $Y$ | $Z$ | $X$ | $Y$ | $Z$ | 上下间距 | 左右间距 |
| A | 845 | 130 | 110 | 850 | 95 | 230 | 35 | 120 |
| B | 809 | 100 | 116 | 868 | 100 | 248 | 35 | 132 |
| C | 880 | 150 | 140 | 880 | 115 | 260 | 35 | 120 |
| D | 725 | 135 | 120 | 725 | 100 | 240 | 35 | 120 |
| E | 890 | 150 | 120 | 890 | 120 | 240 | 30 | 120 |

由表 4-17 中加速踏板在实车布置时的上下位置关系可以看出，A 车加速踏板相对于驾驶人的布置位置最高，其次是 B 车、D 车及 C 车，相对驾驶人位置最低的是 E 车的加速踏板。且根据图 4-24，将不同车辆下同一块肌肉激活程度的中值频率进行比较，四块肌肉激活程度的变化规律基本上均满足 E 车 > D 车 > C 车 > B 车 > A 车。该变化规律与仿真分析时得到的，在肌肉激活程度达

到最大值之前,随着踏板向后移动,会增加肌肉的活跃程度的这一结论保持一致。

根据表4-17分析实车布置中加速踏板前后的空间位置,其中D车的加速踏板位置最靠近驾驶人,其次是A车、B车、C车,距离驾驶人最远的是E车的加速踏板。对于D车,四块肌肉的激活程度均最大,这是由于加速踏板的位置过于靠近驾驶人。随着踏板向后移动,对应加速踏板在实车中的顺序依次为A车、B车以及C车,肌肉激活程度逐渐增大。当加速踏板继续向后移动,对应实车中E车踏板的空间布置,肌肉激活程度增加至最大值。综上所述,实车试验中得到的肌肉激活程度随加速踏板空间位置改变的变化趋势与仿真分析所得出的结论相一致。

箱形图4-25为不同商用车下6名驾驶人脚后跟离地时右侧胫骨前肌、股直肌、腓肠肌及腘绳肌的肌肉激活程度。与脚后跟不离地的工况进行对比分析,踏板位置的改变对各肌肉激活程度的影响基本相同。因此,该工况下的肌肉激活程度变化规律也与仿真分析中所得到的结果相符合。两种工况中存在的差异可归纳为:除了E商用车,对于A、B、C、D四款商用车而言,四块肌肉激活程度的波动范围在脚后跟离地的工况下均有所减小,且肌肉整体的活跃程度也有所降低。这是由于脚后跟离地时进行踏板操作会使髋关节的受力增加,从而有利于减小肌肉激活程度。

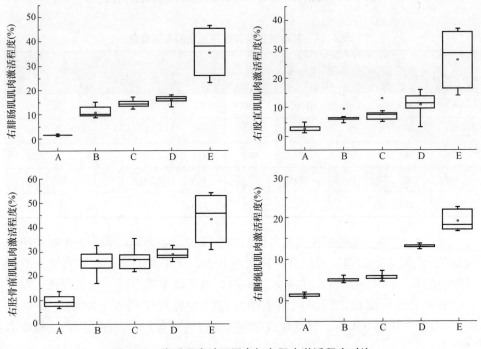

图4-25 脚后跟离地不同车辆各肌肉激活程度对比

## 2. 舒适性评价函数

本节通过考虑人体的骨骼肌肉信息建立评价舒适性函数。涉及腿部的 4 块肌肉分别为胫骨前肌、股直肌、腓肠肌以及腘绳肌，故选取这四块肌肉的激活程度作为不舒适性函数的参数，并通过层次分析法确定各肌肉激活程度的权重。

具体地，第一步：绘制出包括各层次的分析结构图，确定在各层次中需要考虑的指标。第二步：根据隶属度函数及权重计算公式，构造判断矩阵。第三步：根据判断矩阵，对同一层次中的各指标进行排序。第四步：检验一致性后，对不同层次中的各指标进行总排序[51,52]。

建立如图 4-26 所示的不舒适性层次目标模型，其目标层为不舒适性，中间层为小腿、大腿，方案层为胫骨前肌、股直肌、腓肠肌以及腘绳肌 4 块肌肉的激活程度。

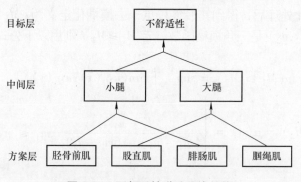

图 4-26 不舒适性递阶层次结构

按照表 4-18 所示 1～9 的比例标度，将同一准则下该层的元素进行两两比较。

表 4-18 比例标度表

| 比例标度 | 含 义 |
| --- | --- |
| 1 | 两因素相比，同样重要 |
| 3 | 两因素相比，一个稍微重要 |
| 5 | 两因素相比，一个明显重要 |
| 7 | 两因素相比，一个强烈重要 |
| 9 | 两因素相比，一个极端重要 |
| 2、4、6、8 | 上述相邻判断的中值 |

层次分析法是在模糊环境的基础上进行应用的，构造三角模糊函数 $M$，则 $M$ 的隶属度函数 $\mu_M(x):R \rightarrow [0,1]$ 可表示为

$$\mu_M(x) = \begin{cases} \dfrac{1}{m-x}x - \dfrac{l}{m-l} & x \in [l,m] \\ \dfrac{1}{m-u}x - \dfrac{u}{m-u} & x \in [m,u] \\ 0 & x \in (-\infty, l] \cup [u, +\infty) \end{cases} \qquad (4\text{-}10)$$

式中　$l$——$M$ 的上界；

　　　$u$——$M$ 的下界；

　　　$m$——当 $M$ 隶属度 $=1$ 时的中值。

求出各指标的模糊权重，计算公式如下：

$$D_i = \dfrac{\sum_{j=1}^{n} a_{ij}}{\left(\sum_{i=1}^{n}\sum_{j=1}^{n} a_{ij}\right)}, i = 1,2,\cdots,n \qquad (4\text{-}11)$$

经去模糊化处理后，得到其最终权重，去模糊化定义为：$M_1 = (l_1, m_1, u_1)$ 和 $M_2 = (l_2, m_2, u_2)$ 是三角模糊函数，若 $M_1 \geq M_2$，则用以下公式对三角模糊凹函数进行判断：

$$v(M_1 \geq M_2) = sup_{x \geq y}[\min(u_{M_1}(x), u_{M_2}(y))] \qquad (4\text{-}12)$$

$$v(M_1 \geq M_2) = \mu(d) = \begin{cases} 1 & m_1 \geq m_2 \\ \dfrac{l_2 - u_1}{(m_1 - u_1) - (m_2 - l_2)} & m_1 \leq m_2, u_1 \geq l_2 \\ 0 & \text{其他} \end{cases}$$

$$(4\text{-}13)$$

若存在一个模糊数 $>$ 其他 $K$ 个模糊数的情况，则定义为

$$v(M \geq M_1, M_2, \cdots, M_k) = \min v(M \geq M_i), i = 1,2,\cdots,k \qquad (4\text{-}14)$$

对上述所求模糊权重值进行标准化后，得到最终权重。

评价指标总权重 $T_{A_i}$ 的计算公式如下：

$$T_{A_i} = \omega_{B_i}\omega_{A_i} \qquad (4\text{-}15)$$

本节中构造如表 4-19～表 4-21 所示的判断矩阵。

表 4-19　不舒适性判断矩阵

| 不舒适性 | 小腿 | 大腿 | $W_i$ |
| --- | --- | --- | --- |
| 小腿 | 1 | 3 | 0.75 |
| 大腿 | 0.3333 | 1 | 0.25 |

表 4-20　小腿判断矩阵

| 小腿 | 胫骨前肌 | 腓肠肌 | $W_i$ |
| --- | --- | --- | --- |
| 胫骨前肌 | 1 | 4 | 0.8 |
| 腓肠肌 | 0.25 | 1 | 0.2 |

表 4-21  大腿判断矩阵

| 大腿 | 股直肌 | 腘绳肌 | $W_i$ |
|---|---|---|---|
| 股直肌 | 1 | 3 | 0.75 |
| 腘绳肌 | 0.3333 | 1 | 0.25 |

综上,得到本节中评价踏板不舒适性各肌肉激活程度的权重见表 4-22。

表 4-22  腿部四块肌肉激活程度不舒适性权重

| 指标 | $A_1$ | $A_2$ | $A_3$ | $A_4$ |
|---|---|---|---|---|
| 权重 | 0.6000 | 0.1875 | 0.1500 | 0.0625 |

注:$A_1$ 为胫骨前肌激活程度;$A_2$ 为股直肌激活程度;$A_3$ 为腓肠肌激活程度;$A_4$ 为腘绳肌激活程度。

根据层次分析法确定各肌肉激活程度的权重后,可得到用于评价踏板布置不舒适性的函数如下:

$$\text{Discomfort} = 0.6\,\text{Act}_{胫骨前肌} + 0.1875\,\text{Act}_{股直肌} + 0.15\,\text{Act}_{腓肠肌} + 0.0625\,\text{Act}_{腓肠肌}$$

式中  Discomfort——不舒适性;
      Act——各块肌肉的激活程度。

利用上述提出的不舒适性函数来评价踏板处于不同上下位置和不同前后位置时的不舒适度。

将踏板处于不同上下位置时,各肌肉的激活程度代入不舒适性评价函数中,可得不舒适性见表 4-23。

表 4-23  上下位置变化时的不舒适性

| 上下位置/mm | -30 | -20 | -10 | 0 | 10 | 20 | 30 |
|---|---|---|---|---|---|---|---|
| 不舒适性 | 6.4402 | 12.0857 | 17.1426 | 20.4938 | 23.8601 | 19.7474 | 15.8131 |

由表 4-23 可以看出,随着踏板向上移动,腿部不舒适性呈现先增大后减小的趋势。且由于驾驶人腿部动作空间的局限性限制了踏板的布置不能过高,因此适当降低踏板的布置高度,有利于提高舒适性,与实车试验的结论相一致。

对于踏板不同的前后位置,将各肌肉的激活程度代入评价函数,得到如表 4-24 所示的不舒适性。

表 4-24  前后位置变化时的不舒适性

| 前后位置/mm | -30 | -20 | -10 | 0 | 10 | 20 | 30 |
|---|---|---|---|---|---|---|---|
| 不舒适性 | 16.5534 | 10.8737 | 5.4287 | 10.7078 | 15.0405 | 15.3349 | 23.2600 |

由表 4-24 可以看出，随着踏板开始向后移动，驾驶人腿部不舒适性逐渐减小，当踏板继续向后移动时，其不舒适性则呈增大趋势。因此踏板布置时，适当远离驾驶人可以提高其舒适性，符合实车试验的结论。

### 4.2.6 结论

通过改变踏板的空间位置对其操纵舒适性进行了仿真分析；随后，分别获得试验者在 5 辆实验车辆、10 种操纵工况下的肌电信息，分析各种情况下驾驶人的不舒适性，并提出了用于评价踏板布置舒适性的函数；最后，将仿真实验数据代入舒适性评价函数，对仿真中的踏板布置进行了评价，并对踏板布置的舒适性做出预测。

主要研究内容和结论如下：

1）在 AnyBody 中开展逆向动力学仿真，建立驾驶人骨肌力学模型、座椅模型、转向盘模型以及脚踏板模型。分别调整踏板的上下位置和前后位置，得到了不同踏板空间布置时，人体下肢髋关节、膝关节和踝关节 3 个关节的两个关节力（近远端力和前后侧力）、3 个关节的屈伸力矩以及 4 块主要活动肌群（胫骨前肌、股直肌、腓肠肌和腘绳肌）肌肉激活程度的变化情况，分析不同踏板布置对生物力学特性的影响，并为实车试验的深入研究提供了有力的支持。

2）通过对比分析仿真的试验结果可以发现，踏板空间位置的改变对近远端关节力、前后侧关节力以及屈伸关节力矩的影响较小，而对肌肉激活程度的影响较大，因此，实车试验的研究中将腿部主要肌肉的激活程度作为踏板布置舒适性评价的特性参数。试验采集驾驶人真实的肌电信号，将试验工况分为两种：操纵过程中脚后跟离地和操纵过程中脚后跟不离地。由于试验中存在噪声，影响采集到的肌电信号，因此需对其进行降噪处理。试验前对每名受试者的胫骨前肌、股直肌、腓肠肌以及腘绳肌 4 块肌肉进行 MVC 标定测试，以得到肌肉最大自主收缩的 RMS 值，并将其与试验中驾驶人各操纵动作下真实肌电信号的 RMS 值相除，从而获得各肌肉的激活程度。分析不同工况下的肌肉激活程度，并对比不同车辆的踏板空间布置对各肌肉激活程度的影响，从而验证仿真中踏板布置位置不同时肌肉激活程度的变化趋势。

3）结合仿真试验与实车试验的结论，将肌肉的激活程度作为评价踏板布置舒适性的指标，利用层次分析法，分别对中间层的小腿和大腿以及方案层的胫骨前肌、股直肌、腓肠肌和腘绳肌 4 块肌肉激活程度按照 1~9 比例标度表进行打分，从而确定各肌肉激活程度的权重值，建立用于评价踏板布置不舒适性的函数，将仿真中得到的试验数据代入不舒适性函数可得，随着踏板向上移动，腿部不舒适性先增大后减小，且由于驾驶人腿部动作空间的局限性限制了踏板的布置不能过高，因此适当降低踏板的布置高度，有利于提高舒适性。随着踏板向后移动，驾驶人腿部不舒适性先减小后增大。因此，踏板布置时适当远离驾驶人可以提高其舒适性，其所得结论均与实车试验相一致。

## 参 考 文 献

[1] GASSER T M, WESTHOFF D. BASt – study：definitions of automation and legal issues in Germany [R]. [S. l. ] Transportation Research Board, 2012.

[2] SAE On – Road Automated Vehicle Standards Committee. Taxonomy and definitions for terms related to on – road motor vehicle automated driving systems [J]. SAE Standard J, 2014, 3016：1 – 16.

[3] National Highway Traffic Safety Administration. Preliminary statement of policy concerning automated vehicles [Z]. 2013.

[4] KYRIAKIDIS M, HAPPEE R, WINTER J C F D. Public opinion on automated driving：Results of an international questionnaire among 5000 respondents [J]. Transportation Research Part F Traffic Psychology & Behaviour, 2015, 32：127 – 140.

[5] ABBINK D A, MULDER M, BOER E R. Haptic shared control：smoothly shifting control authority? [J]. Cognition Technology & Work, 2012, 14 (1)：19 – 28.

[6] WINTER J C F D, DODOU D. Preparing drivers for dangerous situations：A critical reflection on continuous shared control [C] //IEEE International Conference on Systems, Man, and Cybernetics. New York：IEEE, 2011：1050 – 1056.

[7] JOHNS M, MOK B, SIRKIN D, et al. Exploring shared control in automated driving [J]. 2016 (6)：91 – 98.

[8] PETERMEIJER S M, ABBINK D A, MULDER M, et al. The effect of haptic support systems on driver performance：A literature Survey [J]. IEEE Transactions on Haptics, 2015, 8 (4)：467.

[9] PICK A J, COLE D J. Measurement of driver steering torque using electromyography [J]. Journal of dynamic systems, measurement, and control, 2006, 128 (4)：960 – 968.

[10] PICK A, COLE D. Neuromuscular dynamics and the vehicle steering task [J]. The Dynamics of Vehicles on Roads and on Tracks, 2003, 41：182 – 191.

[11] PICK A J, COLE D J. Measurement of driver steering torque using electromyography [J]. Journal of dynamic systems, measurement, and control, 2006, 128 (4)：960 – 968.

[12] PICK A J, COLE D J. Driver steering and muscle activity during a lane – change manoeuver [J]. Vehicle system dynamics, 2007, 45 (9)：781 – 805.

[13] HOULT W, COLE D J. A neuromuscular model featuring co – activation for driver simulation [C] //Proc. 20th IAVSD symposium on the dynamics of vehicles on roads and tracks. Berkeley：[S. n. ], 2007.

[14] HAUFE S, TREDER M S, GUGLER M F, et al. EEG potentials predict upcoming emergency brakings during simulated driving [J]. Journal of neural engineering, 2011, 8 (5)：056001.

[15] ABBINK D A. Neuromuscular analysis of haptic gas pedal feedback during car following [D].

Delft: Delft University of technology, 2006.

[16] ABBINK D A, MULDER M, VAN DER HELM F C T, et al. Measuring neuromuscular control dynamics during car following with continuous haptic feedback [J]. Systems, Man, and Cybernetics, Part B: Cybernetics, IEEE Transactions on, 2011, 41 (5): 1239 – 1249.

[17] LAL S K L, CRAIG A. A critical review of the psychophysiology of driver fatigue [J]. Biological psychology, 2001, 55 (3): 173 – 194.

[18] YANG G, LIN Y, BHATTACHARYA P. A driver fatigue recognition model using fusion of multiple features [C] //Systems, Man and Cybernetics, 2005 IEEE International Conference on. New York: IEEE, 2005: 1777 – 1784.

[19] KUMAR S, NARAYAN Y, AMELL T. Analysis of low velocity frontal impacts [J]. Clinical Biomechanics, 2003, 18 (8): 694 – 703.

[20] KUMAR S, FERRARI R, NARAYAN Y. Cervical muscle response to head rotation in whiplash – type right lateral impacts [J]. Journal of manipulative and physiological therapeutics, 2005, 28 (6): 393 – 401.

[21] LIU Y H, JI X W, RYOUHEI H, et al. Function of shoulder muscles of driver in vehicle steering maneuver [J]. Science China Technological Sciences, 2012, 55 (12): 3445 – 3454.

[22] LIU Y, JI X, HAYAMA R, et al. Method for measuring a driver's steering efficiency using electromyography [J]. Proceedings of the Institution of Mechanical Engineers, Part D: Journal of Automobile Engineering, 2014.

[23] 罗仕鉴. 基于生物学反应的驾驶舒适度研究 [D]. 杭州: 浙江大学, 2005.

[24] PICK A J, COLE D J. Measurement of driver steering torque using electromyography [J]. Journal of dynamic systems, measurement, and control, 2006, 128 (4): 960 – 968.

[25] PICK A J, COLE D J. Driver steering and muscle activity during a lane – change manoeuvre [J]. Vehicle system dynamics, 2007, 45 (9): 781 – 805.

[26] LIU Y, JI X, HAYAMA R, et al. Method for measuring a driver's steering efficiency using electromyography [J]. Proceedings of the Institution of Mechanical Engineers, Part D: Journal of Automobile Engineering, 2014, 228 (10): 1170 – 1184.

[27] LIU Y, LIU Q, LV C, et al. A study on objective evaluation of vehicle steering comfort based on driver's electromyogram and movement trajectory [J]. IEEE Transactions on Human – Machine Systems, 2018, 48 (1): 41 – 49.

[28] FARAH G, HEWSON D J, DUCHENE J. Surface electromyography as a tool to assess the responses of car passengers to lateral accelerations: Part I. Extraction of relevant muscular activities from noisy recordings [J]. Journal of Electromyography and Kinesiology, 2006, 16 (6): 669 – 676.

[29] FARAH G, PETIT – BOULANGER C, HEWSON D J, et al. Surface electromyography as a tool to assess the responses of car passengers to lateral accelerations. Part II: Objective comparison of vehicles [J]. Journal of Electromyography and Kinesiology, 2006, 16 (6): 677 – 684.

[30] ZHENG R, NAKANO K, OKAMOTO Y, et al. Evaluation of sternocleidomastoid muscle activi-

[30] ty of a passenger in response to a car's lateral acceleration while slalom driving [J]. Human – Machine Systems, IEEE Transactions on, 2013, 43 (4): 405 – 415.

[31] MOA S M, HYUNB Y, KIMB C S, et al. Correlation between muscle contraction and vehicle dynamics in a real driving [J]. Advances in Affective and Pleasurable Design, 2012: 196 – 201.

[32] MARGARETA N, VICTOR H. 肌肉骨骼系统基础生物力学 [M]. 邝适存, 郭霞, 译. 北京: 人民卫生出版社, 2008.

[33] 高振海, 范达, 王德平, 等. 驾驶人转向操纵时上肢肌肉力学特性仿真 [J]. 汽车工程, 2016, 38 (1): 47 – 52.

[34] 国家技术监督局. 中国成年人人体尺寸: GB 10000—1988 [S]. 北京: 中国标准出版社, 1989.

[35] PICK A J, COLE D J. Measurement of driver steering torque using electromyography [J]. Journal of dynamic systems, measurement, and control, 2006, 128 (4): 960 – 968.

[36] 施国标, 张昕, 林逸. 电动助力转向系统转向感觉主观模糊评价方法 [J]. 吉林大学学报: 工学版, 2007, 37 (4): 751 – 755.

[37] DE LUCA C J. The use of surface electromyography in biomechanics [J]. Journal of applied biomechanics, 1997, 13: 135 – 163.

[38] KELLY B T, KADRMAS W R, KIRKENDALL D T, et al. Optimal normalization tests for shoulder muscle activation: an electromyographic study [J]. Journal of orthopaedic research, 1996, 14 (4): 647 – 653.

[39] YAHUI L, XUEWU J. Research on the co – contraction of shoulder and upper limb muscles in driver's steering manoeuvre [C] //Mechanic Automation and Control Engineering (MACE), 2010 International Conference on IEEE. New York: IEEE, 2010: 5781 – 5784.

[40] BUBB H, ESTERMANN S. Influence of forces on comfort feeling in vehicles [R]. New York: SAE, 2000.

[41] DUFOUR F, WANG X. Discomfort assessment of car ingress/egress motions using the concept of neutral movement [R]. New York: SAE, 2005.

[42] BONATO P, BOISSY P, DELLA CROCE U, et al. Changes in the surface EMG signal and the biomechanics of motion during a repetitive lifting task [J]. IEEE Transactions on Neural Systems and Rehabilitation Engineering, 2002, 10 (1): 38 – 47.

[43] BROOK S, FREEMAN R, ROSALA G, et al. Ergonomic Data measuring system for driver – pedals interaction [J]. SAE International Journal of Passenger Cars – Mechanical Systems, 2009, 2: 1071 – 1078.

[44] SENDLER D I J, TRUTSCHEL I R, AUGSBURG I K. Methods of evaluating and developing pedal and brake characteristics [J]. ATZ worldwide, 2009, 111 (7 – 8): 60 – 66.

[45] WANG X, LE BRETON – GADEGBEKU B, BOUZONON L. Biomechanical evaluation of the comfort of automobile clutch pedal operation [J]. International Journal of Industrial Ergonomics, 2004, 34 (3): 209 – 221.

[46] 丁晨,王君泽,高瞻. 基于 AnyBody 的汽车驾驶中人体腿部逆向动力学仿真[J]. 中国生物医学工程学报,2013,32(1).

[47] 姚建辉. 基于肌肉力的驾驶不舒适度评价[D]. 武汉:武汉理工大学,2014.

[48] 王望予. 汽车设计[M]. 北京:机械工业出版社,2004.

[49] DAMSGAARD M, RASMUSSEN J, CHRISTENSEN S T, et al. Analysis of musculoskeletal systems in the AnyBody Modeling System[J]. Simulation Modelling Practice and Theory, 2006, 14(8): 1100-1111.

[50] ANDERSEN M S, DAMSGAARD M, RASMUSSEN J. Kinematic analysis of over-determinate biomechanical systems[J]. Computer Methods in Biomechanics and Biomedical Engineering, 2009, 12(4): 371-384.

[51] SAATY T L. Decision making – the analytic hierarchy and network processes (AHP/ANP) [J]. Journal of systems science and systems engineering, 2004, 13(1): 1-35.

[52] 许树柏. 实用决策方法-层次分析法原理[M]. 天津:天津大学出版社,1988.

第 5 章
考虑人体骨肌生理特性
的汽车座椅乘坐舒适性
评价方法

## 5.1 概述

座椅舒适性包括动态舒适性、静态舒适性和操作舒适性。静态舒适性是指座椅在静止状态下提供给人体的舒适特性,它主要与座椅的尺寸参数、表面质量、调节特性等有关;动态舒适性是指汽车在运动状态下通过座椅骨架以及软垫将振动传递到人体的舒适特性;操作舒适性是指座椅在驾驶人驾驶过程中,为完成驾驶动作所表现出的舒适特性。

汽车座椅的动态舒适性又称振动舒适性,主要与振动特性有关。汽车振动系统主要的3个减振环节是轮胎、汽车悬架和座椅,研究发现:轮胎、汽车悬架性能参数的改变影响汽车其他相关使用性能,而座椅动态参数的改变对汽车的其他相关使用性能没有影响,所以研究和改善汽车座椅的动态性能可以很大程度上提高汽车乘坐舒适性。

座椅动态舒适性的评价主要包括客观物理评价和主观感受评价,前者针对外界的振动激励引起人体各部位的振动响应,后者针对人体的振动响应而引起的生理反应。如何把两者很好地结合起来量化人体的动态舒适性,一直是国内外学者在不断探讨的问题。

## 5.2 国内外研究现状

### 5.2.1 汽车座椅舒适性评价国外研究现状

座椅舒适性评价作为驾乘者对座椅舒适度最为直接的反映,当驾乘者落座于座椅上的第一时间便对座椅的舒适程度有了一个初步但清晰的了解,如座椅的尺寸是否合理,坐垫及靠背材料的软硬程度以及弹性是否合适等。国外关于座椅舒适性主观评价方法的研究开展较早,采用的评价量表大致可以分通用量表[1-4]和专门量表[5-11]两种。通用量表适用于所有的座椅评价,专门量表针对汽车座椅设计。

1958年,Floyd和Robers[1]提出了采用椅子功能清单列表对座椅的舒适度进行评价,具体的以座椅上的显著部件为基础对座椅的各项功能如座位的高度、深度、宽度等进行评价。评价过程中采用描述性语言对舒适性进行评定,文献中的评价方法见表5-1,被测试者坐于座椅上对表中的各项进行打分。

表 5-1  椅子功能清单列表

| 序号 | 评价指标 | 感受程度 | | |
|---|---|---|---|---|
| 1 | 椅面高度 | 太高 | 适当高度 | 太低 |
| 2 | 坐深 | 太深 | 适当深度 | 太浅 |
| 3 | 坐宽 | 太窄 | 适当宽度 | 太宽 |
| 4 | 坐面倾角 | 向后倾斜太大 | 适当倾角 | 向前倾斜太大 |
| 5 | 座椅平面形状 | 不好 | 一般 | 好 |
| 6 | 后背支承 | 不好 | 一般 | 好 |
| 7 | 靠背高度 | 太高 | 适当 | 太低 |
| 8 | 靠背形状 | 适合后背 | 一般 | 形状不适宜后背 |
| 9 | 椅背弧度 | 弧度过大 | 适当 | 没有弧度 |
| 10 | 脚和小腿的空间 | 太小 | 一般 | 好 |

1969 年，Shackel[2]等提出的一般舒适度评价量表（General Comfort Rating，GCR），采用 11 种描述的量表评价座椅舒适度，见表 5-2。

表 5-2  座椅一般舒适度评价量表

| 等级 | 描述 |
|---|---|
| 1 | 我感觉完全放松 |
| 2 | 我感觉极为舒适 |
| 3 | 我感觉颇为舒适 |
| 4 | 我感觉有点舒适 |
| 5 | 我感觉不舒适 |
| 6 | 我感觉不安和烦躁 |
| 7 | 我感觉拘谨 |
| 8 | 我感觉僵硬 |
| 9 | 我感觉麻木或如坐针毡 |
| 10 | 我感觉酸痛和触感 |
| 11 | 我感觉疼痛难以忍受 |

1976 年，Corlett 和 Bishop[3]提出的局部不舒适度量表（Body Part Discomfort，BPD），将久坐引起身体不舒适的部分做成索引。该量表为 7 分制量表，受试者从"极度舒适"（extremely comfortable）到"极度不舒适"（extremely uncomfortable）进行评分，并且在最后，对总体舒适性进行评分。目前，这种不舒适量表正应用于各种类型的主观评价研究工作中。

Lijian ZHANG 等[4]构思的座椅评价表（Chair Evaluation Checklist，CEC）。

选出16种受试者主观描述,每种描述按9分制进行评分。

目前,在座椅舒适性主观评价过程中引用较多的是Hartung[5]的身体图和CP50（Category Partitioning Scale,类别分区量表）量表,如图5-1所示。采用的是从"没有不适感"到"一般程度的不适感",最后到"极度不适感"的6个不同等级的评价方法。实际测定时,被测试者乘坐于座椅上对身体的各个部位的舒适感进行打分,除了最低等级外,每个等级分为10个数字段,被测试者根据自身的主观感受在主观评价表上选择最为适宜的评价分值,打分的最大值为50,但若被测试者感觉剧烈疼痛时可打出更高的分值。

此外,Mergl等人研究了人与座椅之间的不适感和接触力分布之间的关系,使用Hartung的身体图和CP50量表对身体每个部位的不适感进行主观评价[6],评价过程中仅对座盘部分（身体图的10～17部分）进行了测评,并使用了4分制的量表对总体舒适性进行了评价,见表5-3。

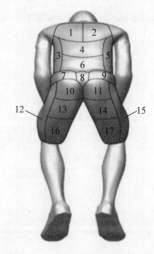

图5-1 身体分区和CP50量表

表5-3 对可接受度打分的术语

| |
|---|
| 不可接受 |
| 勉强可以接受 |
| 相当可以接受 |
| 可以接受 |

Fang等人[7]对客观压力数据与主观评价的相关性进行了研究,其主观评价也采用了Hartung提出的人体图和CP50量表,但因作者认为Hartung的CP50量表过于复杂,大部分受试者无法区分,所以将量表改成了五阶李克特量表（Likert scale）。五阶李克特量表的评价等级从"极度不舒适"到"舒适",每个阶层又分为三个等级,因此,量表共有15个等级。其中,1代表着"极度不适",15代表"极度舒适"。评价过程中,受试者从肩膀到大腿正面进行主观打分,并且对座椅的舒适性进行总体打分。

Kolich等人使用生理评估技术（肌电图EMG）和主观评价方法对新自动座椅概念的优缺点进行了评定。实际操作过程中被测试者采用5分制的评价量表对下背部的不适感进行打分,其中,1—非常舒适,2—舒适,3—没有感觉,4—不舒适,5—非常不舒适,见表5-4[8]。若被测试者评定过程中的主观感受介于其中两个测定值之间，被测试者也可以打出 2.5 分等这样的中间分数。整个实验过程每隔 30min 进行一次打分。

表 5-4 身体不舒适量表

1——非常舒适
2——舒适
3——没有感觉
4——不舒适
5——非常不舒适

Michida 等人[9]研究了驾驶疲劳与座椅性能之间的关系，采用的方法主要有主观评价量表、座椅压力分布（S.P.D）以及肌电图（EMG）等。该研究中的主观评价量表仅对驾驶人的颈部、肩部、背部中间以及腰部进行打分，最小值为 0（不疲劳），最大值为 10（极度疲劳），见表 5-5。

表 5-5 身体疲劳量表

|  |  | 身体疲劳区域 | | | |
|---|---|---|---|---|---|
|  |  | 腰部 | 背部中间区域 | 颈部 | 肩部 |
| 评价项目 A | 座椅 G | | | | |
| | 座椅 P1 | | | | |
| | 座椅 P2 | | | | |
| 评价项目 B | 座椅 G | | | | |
| | 座椅 P1 | | | | |
| | 座椅 P2 | | | | |
| 评价项目 C | 座椅 G | | | | |
| | 座椅 P1 | | | | |
| | 座椅 P2 | | | | |
| 评价项目 D | 座椅 G | | | | |
| | 座椅 P1 | | | | |
| | 座椅 P2 | | | | |
| 评价项目 E | 座椅 G | | | | |
| | 座椅 P1 | | | | |
| | 座椅 P2 | | | | |
| 评价项目 F | 座椅 G | | | | |
| | 座椅 P1 | | | | |
| | 座椅 P2 | | | | |

Park[10]等人使用主观问卷对座椅的舒适性进行了评定,问卷一共设置了23个问题,实测时受试者对每个座椅的特征逐项进行评分,评定过程中的数字1～5表示满意程度,其中,1表示最差的满意度,5表示最高的满意度。

Mastrigt[11]等人通过主观评价、心率测量以及肌电图对一种用于汽车后座的主动座椅系统的舒适度和健康性进行了评估。在实验过程中,受试者对不适感、舒适感以及可接受度三个方面进行了主观评价。

从汽车诞生开始,专家学者和制造厂商就已经发现汽车座椅舒适性的重要性,对座椅舒适度的研究也日趋成熟。相比较而言,对动态舒适度的研究又远远成熟于对静态舒适度的研究,国际标准化协会(ISO)提出的《人体承受全身振动的评价》(ISO2631/1-1985),已经得到许多国家的承认和采纳;而座椅静态舒适性方面的评定,汽车行业广泛采用 SAE 打分制。SAE 打分制采用的是10分制的评价方法,分值越低则舒适度越差,分值越高则舒适度越好,1-10分为舒适度的连续状态,各个数值代表的含义如下:1表示非常不舒服,轮廓贴合度差,有不明凸起,座椅无弹性或座椅过于柔软无法支承身体固定坐姿,致使人体有疼痛感;2表示舒适度很差,轮廓贴合度差,无不明凸起,身体有悬空致使身体僵硬、座椅无弹性像坐在硬木板上极不舒服,或座椅极柔软无法固定坐姿;3表示不可接受,轮廓不贴合,身体有悬空致使身体僵硬,稍有弹性但并不舒服或过于柔软固定坐姿的能力极差;4表示差,轮廓不贴合,身体稍有悬空致使身体局部需用力,无疼痛感,弹性小,不舒服;5表示边界线,轮廓大致贴合,座椅弹性不大,身体局部用力不大,感觉适中;6表示可接受,轮廓大致贴合,弹性有一定弹性,身体局部用力不大,可接受;7表示满意,轮廓贴合度满意,座椅有一定弹性,身体局部用力很小,满意;8表示好,轮廓贴合度好,座椅柔软度适中,身体无局部用力感,感觉舒服;9表示很好,轮廓贴合度很好,座椅柔软度适中,身体放松,感觉很舒服;10表示非常好,轮廓完美贴合,弹性适中而舒适,完美包络颈部到膝部曲线,身体可以完全放松,感觉非常舒服。

### 5.2.2 汽车座椅舒适评价国内研究现状

国内关于座椅舒适性的研究开展相对较晚。吉林大学的陈飞[12]对试制的座椅的主观评价采用体压测定和主观评价相结合的方法,以实时记录被测试者与座椅界面间的客观压力数据和主观感受,进而采用主客观评价相结合的方法对座椅的舒适性进行评定。实际测定过程中采用 SAE 打分制,1～10分为舒适的连续状态,其中,1为无法忍受,10为非常舒适,具体的见表5-6。被测试者分别针对自身乘坐过程中头部、上肢和下肢的舒适感在主观评价表上给出相应的评价分值。

第5章 考虑人体骨肌生理特性的汽车座椅乘坐舒适性评价方法

表5-6 座椅舒适性主观评价量表

| 身体部分 | 舒适度评价指标 | 舒适度值（1~10） |
|---|---|---|
| 头部 | 头枕软硬程度 | |
| | 颈部舒适度 | |
| 上肢 | 靠背软硬程度 | |
| | 背部支承 | |
| | 腰部支承 | |
| | 胸腔舒适程度 | |
| | 双臂疲劳程度 | |
| 下肢 | 臀部舒适度 | |
| | 大腿部支承 | |
| | 小腿部支承 | |
| | 脚踝舒适程度 | |
| | 双脚舒适程度 | |

林凌云[13]同样采用SAE打分制，将座椅分为坐垫、靠背和局部三个部分，被测试者分别对上述各部分的乘坐舒适感进行评价。此外，作者还针对座椅的柔软程度、贴合程度以及舒适度三方面制定了相应的评价指标，见表5-7。

表5-7 主观评价量表

| 座椅 | 指标 | 感受程度 |
|---|---|---|
| 坐垫 | 坐垫柔软程度 | |
| | 坐垫轮廓与人体贴合程度 | |
| | 下半身舒适度 | |
| 靠背 | 靠背柔软程度 | |
| | 靠背轮廓与人体贴合程度 | |
| | 上半身舒适度 | |
| 局部 | 颈部舒适度 | |
| | 背部舒适度 | |
| | 腰部舒适度 | |
| | 臀部舒适度 | |
| | 大腿舒适度 | |
| | 小腿和脚部舒适度 | |

王正华[14]等人提出了靠背压力、靠背中部承重、支持力度、靠背中部舒适度、肩膀承重以及操作性能共6个主观评价指标，每个评价指标又可以分为三

种感受程度,即太小、适中和太强。被测试者评定时针对不同的舒适程度打出相应的分数,比如当被测试者的舒适感较差时,被测试者可在-3、-2、-1三种分数中进行分值的选定,其中-3为被测试者的舒适感最差;当被测试者的舒适感适中时,被测试者可以给出0分值;当被测试者的主观舒适感较好时,被测试者可分别在1、2、3三种分数中进行分值的评定。在完成上述评价的基础上,被测试者还需要对座椅的整体舒适感进行打分,打分采用的方法与上面类似,区别在于分值采用十分制,具体的主观舒适性的评估表见表5-8。

表5-8 主观舒适性评估表

| 评价指标 | 感受程度 | | |
|---|---|---|---|
| | 太小 | 适中 | 太强 |
| 操作性能 | | | |
| 靠背压力 | | | |
| 靠背中部承重 | | | |
| 支持力度 | | | |
| 靠背中部舒适度 | | | |
| 肩膀承重 | | | |
| 总体评分(10分制) | | | |

我国在20世纪制定了QC/T55—1993标准来规范汽车座椅动态舒适性能实验方法,但座椅静态舒适度还没有完善的实验方案。

## 5.3 座椅乘坐舒适性静动态评价标准

座椅乘坐舒适性静动态评价采用6维评价体系,见表5-9。

表5-9 座椅舒适度6维评价体系

| | 座椅舒适度定义 | 座椅舒适性评价设计方法 |
|---|---|---|
| 静态<br>Sit on | 座椅柔软感 cushion | 硬度系统设计方法 |
| | 座椅与人体的贴合感 fit | 造型断面技术、有限元分析、人体轮廓面验证 |
| | 座椅对人体的支承感 postureholding | 体压分布技术、有限元分析 |
| 动态<br>Drive on | 转弯人体姿态保持性 holder | 生物电信号、体压分布 |
| | 座椅振动吸收性 vibrationabsorb | 振动吸收系统NVH |
| | 长途驾驶抗疲劳性 anti-tire | 生物电信号、体压分布、生物力学仿真 |

## 5.3.1 座椅乘坐舒适性静态评价标准

**1. 主观评价**

在座椅自身设计的基础上，需要对测试者乘坐过程中座椅的主观感受进行评价。结合座椅六维度评价体系，兼顾静态时座椅的柔软感、座椅与人体的贴合感和座椅对人体的支承感等，采用主观评价的方法对乘员乘坐于座椅上的主观感受进行测定。一方面可以对驾乘者落座于座椅上的舒适程度有个初步且清晰的了解，另一方面驾乘者的主观感受可在一定程度上反映座椅硬度系统的设计、造型断面技术、有限元分析、人体轮廓面的验证以及体压分布的合理性，进而为其改进提供依据。据此，本试验采用 SAE 打分制对汽车座椅静态舒适度主观评价表中的舒适度值进行打分，设定分值越低则舒适度越差，分值越高则舒适度越好，其中 1 为无法忍受，10 为非常舒适，1~10 分为舒适度的连续状态，1~10 分代表的舒适程度如下：

1 表示非常不舒服，轮廓贴合度差，有不明凸起，座椅无弹性或座椅过于柔软无法支承身体固定坐姿，致使人体有疼痛感。

2 表示舒适度很差，轮廓贴合度差，无不明凸起，身体有悬空致使身体僵硬，座椅无弹性，像坐在硬木板上极不舒服，或座椅极柔软无法固定坐姿。

3 表示不可接受，轮廓不贴合，身体有悬空致使身体僵硬。稍有弹性但并不舒服或过于柔软固定坐姿的能力极差；

4 表示差，轮廓不贴合，身体稍有悬空致使身体局部需用力，无疼痛感，弹性小，不舒服。

5 表示边界线，轮廓大致贴合，座椅弹性不大，身体局部用力不大，感觉适中。

6 表示可接受，轮廓大致贴合，有一定弹性，身体局部用力不大，可接受。

7 表示满意，轮廓贴合度满意，座椅有一定弹性，身体局部用力很小，满意。

8 表示好，轮廓贴合度好，座椅柔软度适中，身体无局部使力感，感觉舒服。

9 表示很好，轮廓贴合度很好，座椅柔软度适中，身体放松，感觉很舒服。

10 表示非常好，轮廓完美贴合，弹性适中而舒适，完美包络颈部到膝部曲线，身体可以完全放松，感觉非常舒服。

**2. 客观评价**

最大压力和平均压力均体现了座椅坐垫和靠背的刚度，较硬坐垫和靠背的最大压力和平均压力值较大，较软坐垫和靠背的最大压力和平均压力值较小。通过对驾驶人乘坐在对标车上人体各部位与座椅接触区域最大压力和平均压力的测量,进而可以对座椅坐垫和靠背的刚度进行分析,结合主观评价,进而判定座椅坐垫和靠背的柔软性;通过对驾驶人与座椅接触界面间接触面积的测定,进而分析各对标车座椅与驾驶人之间的贴合情况;分析座椅坐垫和靠背的接触面积以及体压的分布,结合驾驶人的主观评分,进而对各对标车座椅的支承性进行分析。评价指标如下所示。

(1) 座椅坐垫和靠背与人体接触区域的最大压力

最大压力作为表征座椅坐垫和靠背舒适性的重要指标,可体现座椅坐垫和靠背的刚度,较硬座椅坐垫和靠背对应的最大压力值较大,反之亦然。通过对驾驶人与座椅坐垫和靠背接触区域的最大压力进行分析,进而可以对座椅的刚度进行分析。其中,最大压力是座椅上全部压力测试点中的最大值,即:$Pm = \max(P_1, P_2, \cdots, P_N)$($N$ 为测试点数)。

从座椅的物理特性角度来看,最大压力体现了坐垫的刚度。较硬的坐垫最大压力较大,较软的坐垫最大压力较小。一般座椅的最大压力在 20~40kPa 之间。刚度是坐垫最重要的物理参数之一,因此,最大压力是表征坐垫舒适性的重要指标。

(2) 座椅坐垫和靠背与人体接触区域的平均压力

平均压力作为全部受压点压力载荷的算术平均值,受座椅坐垫和靠背刚度的直接影响。此外,即使同一材质的座椅,因表面形状的差异,受压点数不同,也会使平均压力值存在差异。平均压力值越大,则代表受力点的整体压力值越大。

平均压力载荷为全部受压点压力载荷的算术平均值,即:

$$P_V = \frac{1}{N} \sum_{t=1}^{N_P} P_t \tag{5-1}$$

式中　$N_P$——受压点数,显然有 $Np \leq N$,$N$ 为测点数;

$P_t$——测试点压力。

通过对座椅坐垫和靠背与人体接触区域平均压力的分析,可为座椅坐垫和靠背材质分布的合理性以及座椅舒适性的判定提供依据。

(3) 座椅坐垫和靠背与人体接触区域间的接触面积

当驾驶人乘坐在汽车座椅上时,驾驶人人体各部位与座椅的坐垫和靠背相接触,体压坐垫感测人体与座椅坐垫和靠背接触界面间的体压变化,不同区域呈现不同的颜色,进而可通过体压坐垫观测人体与座椅坐垫和靠背的贴合情况,通过分析驾驶人与座椅坐垫和靠背接触区域接触面积的变化,分析各对标车座椅坐垫与驾驶人之间的贴合情况,进而为座椅的贴合性及乘坐舒适性分析提供客观数据。

### 5.3.2 座椅乘坐舒适性动态评价标准

座椅乘坐舒适性动态评价标准从转弯时人体姿态保持性、座椅振动吸收性以及长途驾驶抗疲劳性三个方面，对汽车座椅动态舒适性的客观因素进行评价与分析。

座椅乘坐舒适性动态评价标准的技术路线如图 5-2 所示。

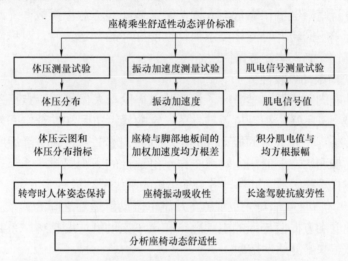

图 5-2　汽车座椅乘坐舒适性动态评价流程图

（1）转弯时的人体姿态保持性

体压云图以直观、形象的二维彩色图像实时显示压力分布的轮廓和各种数据，如图 5-3（见彩插）所示，蓝、绿、黄、红等基色显示体压小值至大值图形。通过分析座椅坐垫和靠背与人体接触区域间的体压分布云图，判定人体与椅面相互接触部分的压力分布状况。若转弯时各对标车座椅的人体姿态保持性较差，偏离程度较大的人体部位未与座椅相贴合，则该区域坐垫内的传感器未感测到力的变化，体压云图欠缺；若转弯时座椅具有较好

图 5-3　座椅坐垫体压云图

的人体姿态保持性，体压云图应左右对称分布，坐垫区域的体压分布应以坐骨

结节为中心,向四周逐渐减小;靠背区域的体压分布应为驾驶人腰椎部分接触区域的压力最大,由中心向外侧压力大小逐渐减少。

通过对座椅坐垫和靠背与人体接触区域间体压云图的分析,直观判定了转弯状况下人体姿态偏离座椅的程度,即转弯时的人体姿态保持性。

压力不对称系数的测定可以判定体压分布的不对称程度。转弯时的人体姿态保持性越差,压力不对称系数值越大,会造成试验结果的较大离散,反之亦然。通过分析座椅坐垫和靠背与人体接触区域间的不对称系数,统计结果可以作为某对标车座椅转弯时人体姿态保持性能好坏的判定条件,对称性好的座椅转弯时具有较好的人体姿态保持性。

(2) 座椅振动吸收性

一个性能优良的驾驶座椅除了为驾驶人提供与人体生理特点相适应的舒适而稳定的坐姿、良好的视野位置、具备一定的操纵空间和安全空间外,最重要的是减轻传给驾驶人身体的振动和冲击。据此,本书通过乘坐舒适度将汽车座椅处的振动加速均方根值与人对汽车振动舒适性的主观感觉联系起来,测定不同车速的加权矩阵函数,计算出各对标车总的乘坐振动舒适性指标。

表5-10为加速度值与人主观感觉及汽车振动舒适性之间的关系。运用该表将振动加速度均方根值与人的主观感觉和汽车振动舒适度指标联系起来,从而得出总的汽车乘坐舒适性指标。

表 5-10 加速度值与人主观感觉及汽车振动舒适性间的关系

| 加权加速度值 /(m/s²) | <0.315 | 0.315~0.63 | 0.5~1.0 | 0.8~1.6 | 1.25~2.5 | >2.0 |
|---|---|---|---|---|---|---|
| 人的主观感觉 | 没有不舒适 | 稍有不舒适 | 有些不舒适 | 不舒适 | 很不舒适 | 极不舒适 |
| 平均加权加速度值 /(m/s²) | <0.315 | 0.48 | 0.74 | 1.15 | 1.83 | 2.0 |
| 汽车振动平顺性舒适度 $C_v$ | 1.0 | 0.9 | 0.75 | 0.5 | 0.10 | 0 |

(3) 长途驾驶抗疲劳性

肌肉激活程度(MA)可以表征人体肌肉的受力大小,即肌肉的受力与肌肉力量强度的比率[9]。该数值主要反映的是在外部载荷的作用下肌肉的利用率。正常的肌肉激活程度范围在0和1之间。

通过分析各肌肉的激活程度可知,当人体肌肉完全没有被利用时,肌肉激活程度的数值为0;当人体肌肉被利用的比率越高,则肌肉激活程度的数值越接近于1。若是某肌肉的肌肉激活程度数值超过1时,也就意味着作用在该肌肉上的外部载荷力量过大导致该人体肌肉超出其正常工作能力范围,该肌肉很有可能已经被拉伤甚至肌肉组织已经发生破坏或者断裂。

## 5.4 座椅舒适性仿真分析

### 5.4.1 座椅舒适性仿真模型的建立

(1) 座椅的几何和结构特征

仿真采用 ESI 公司提供的座椅模型，模型的头枕、靠背和坐垫部分的参数均可调整。头枕包括蒙皮、发泡和框架，靠背包括蒙皮、靠背附属结构、填料、发泡、弹簧和骨架等，坐垫包括蒙皮、坐垫连接件、填料、发泡、弹簧和骨架等。

座椅模型坐垫和靠背的几何参数尺寸如图 5-4（见彩插）和图 5-5（见彩插）所示。

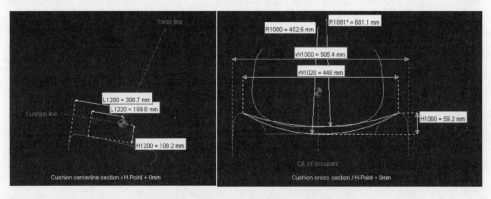

图 5-4 座椅模型坐垫的纵截面（左）和横截面尺寸（右）

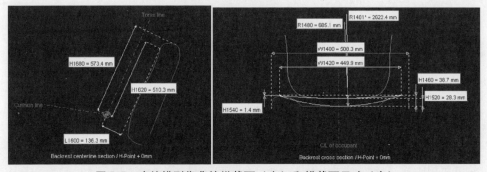

图 5-5 座椅模型靠背的纵截面（左）和横截面尺寸（右）

座椅模型坐垫和靠背的具体参数尺寸见表 5-11 和表 5-12。

表 5-11　座椅模型坐垫的参数尺寸

| 坐垫参数 | 尺寸/mm |
|---|---|
| 坐垫外宽度（W1000） | 505.4 |
| 坐垫衬垫宽度（W1020） | 448 |
| 坐垫衬垫高度（H1060） | 59.2 |
| 坐垫衬垫半径（R1080） | 452.6 |
| 坐垫有效衬垫半径（R1081*） | 681.1 |
| 坐垫面套凸出到 H 点的高度（H1200） | 108.2 |
| 坐垫面套到 H 点的距离（L1220） | 199.6 |
| 坐垫前端到 H 点的长度（L1280） | 308.7 |

表 5-12　座椅模型靠背的纵截面和横截面尺寸

| 靠背参数 | 尺寸/mm |
|---|---|
| 靠背宽度（W1400） | 508.3 |
| 靠背衬垫宽度（W1420） | 449.9 |
| 靠背衬垫高度（H1460） | 38.7 |
| 靠背衬垫半径（R1480） | 685.1 |
| 靠背有效衬垫半径（R1481*） | 2622.4 |
| 靠背面套高度（H1520） | 28.3 |
| 靠背衬板与面套的距离（H1540） | 1.4 |
| 靠背面套凸出到靠背线的距离（L1600） | 136.3 |
| 靠背面套凸出到 H 点的高度（H1620） | 510.3 |
| H 点到无头枕的靠背上缘的高度（H1680） | 573.4 |

（2）座椅的网格划分

在座椅的金属零件中，主要为机械机构，包括靠背和坐垫骨架、调角器、调节器等，座椅系统中骨架的作用相当于人类的骨骼，支承座椅增强座椅的稳定性，座椅的骨架是其他机构的依附点，发泡和面套都是靠骨架来支承，依据 CAD 模型进行网格的划分，平均的壳单元尺寸为 5mm，如图 5-6 所示。

弹簧的网格划分如图 5-7 所示。弹簧模型的网格划分是在 CAD 模型的基础上进行的，具体的弹簧模型由梁单元组成，梁单元的长度接近 7mm。

座椅填充的泡沫模型由四面体单元构成，如图 5-8 所示。综合考虑仿真运算时间和模型的精确度后，单元平均尺寸选为 15mm。最小尺寸 7mm。在 CAD 模型上进行发泡块模型的网格划分，发泡体的表面为 2D 单元，在有衬里的地方为膜单元。

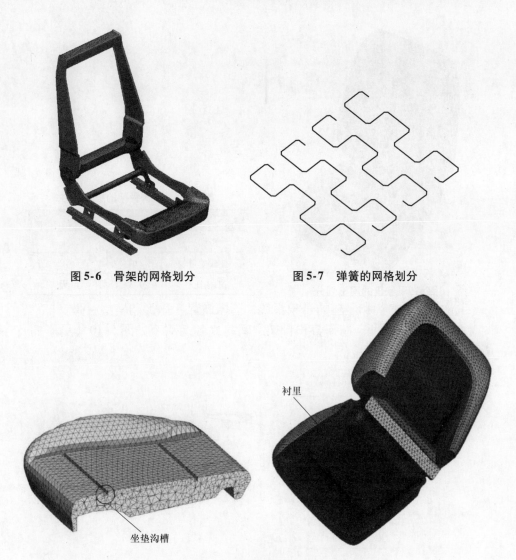

图 5-6 骨架的网格划分　　图 5-7 弹簧的网格划分

图 5-8 发泡块的网格划分

蒙皮作为座椅的包裹物，具体的是在座椅生产的最后阶段包裹在泡沫块上。蒙皮部分由膜单元组成，单元尺寸要大于 10mm，具体的如图 5-9（见彩插）所示。

（3）定义座椅的材料属性

仿真中的座椅模型由各个座椅零部件组成，各零部件材料属性的定义过程如下。

首先，导入座椅骨架包括靠背模型和坐垫模型，为了简化座椅骨架材料的属性定义，可以导入材料数据库，具体的座椅骨架的材料特性见表 5-13。

表 5-13 座椅骨架的材料特性

| 钢铁参数 | 值 | 单位 |
| --- | --- | --- |
| 密度 | $7.85 \times 10^{-6}$ | $kg/mm^3$ |
| 弹性模量 | 210 | GPa |
| 泊松比 | 0.3 | 无 |

图 5-9 蒙皮的网格划分

其次,导入靠背和坐垫的悬架系统,选择靠背－弹簧和坐垫－弹簧部件,两者均为梁单元模型,在弹簧和骨架之间建立各运动节如图 5-10(见彩插)所示。

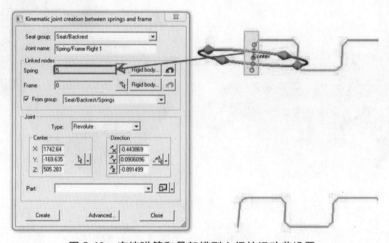

图 5-10 座椅弹簧和骨架模型之间的运动节设置

在弹簧模型中选择弹簧连接点,定义节点类型为旋转副,如图 5-11 依次定义每个坐垫弹簧连接,共有 4 组弹簧,8 个节点。

然后,导入座椅模型的靠背和坐垫发泡,软件内置两个不同的发泡属性,分别为软质发泡和硬质发泡,定义座椅骨架与发泡之间的连接。

最后,导入座椅模型的蒙皮,包括靠背蒙皮和坐垫蒙皮,座椅靠背蒙皮材料选择织物 1,蒙皮的厚度为 1.4mm,座椅坐垫蒙皮材料选择织物 2,蒙皮的厚

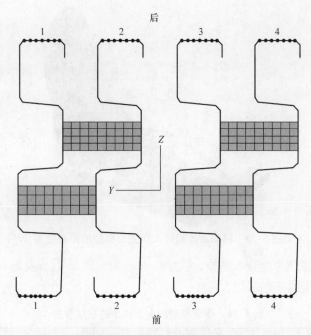

图 5-11 定义 8 个坐垫节点

度为 1mm，织物 1 和织物 2 为软件中的蒙皮材料属性，如图 5-12（见彩插）所示。

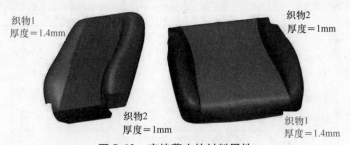

图 5-12 座椅蒙皮的材料属性

（4）定义座椅与驾驶人的位置和接触

驾驶人乘坐于座椅上与座椅位置调整的具体步骤如下。首先，选择驾驶人臀部的一点，然后选择座椅坐垫上的一点，选择驾驶人的臀部中心点和座椅坐垫的中心点，点击移动，会出现驾驶人移动的位移量。之后再调整驾驶人在座椅模型上的坐姿，使得驾驶人模型的臀部与座椅坐垫贴合，驾驶人模型的背部与座椅靠背贴合，调整完毕后的驾驶人与座椅的相对位置如图 5-13（见彩插）所示。

再者，定义驾驶人臀部和座椅坐垫的接触条件以及驾驶人背部和座椅靠背的接触条件。驾驶人与座椅的接触厚度为 1mm，刚度比为 0.1，摩擦系数为

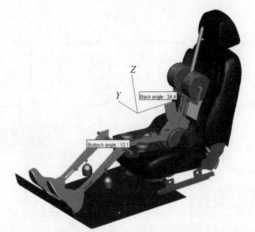

图 5-13 移动后的驾驶人和座椅模型的相对位置

0.22,主接触部分为驾驶人模型,从接触部分为座椅模型。表 5-14 所示为座椅模型和人体模型的接触参数。

表 5-14 座椅模型和人体模型的接触参数

| 接触参数 | 驾驶人/靠背 | 驾驶人/坐垫 | 驾驶人/头枕 |
| --- | --- | --- | --- |
| 厚度/mm | 1 | 1 | 1 |
| 刚度比 | 0.1 | 0.1 | 0.1 |
| 摩擦系数 | 0.22 | 0.22 | 0.22 |
| 从接触面 | 靠背蒙皮 | 坐垫蒙皮 | 头枕蒙皮 |
| 主接触面 | 驾驶人表皮 | 驾驶人表皮 | 驾驶人表皮 |

最后,当驾驶人的脚部在正确的位置时,按图 5-14 所示分别固定驾驶人左脚和右脚的 6 个自由度。

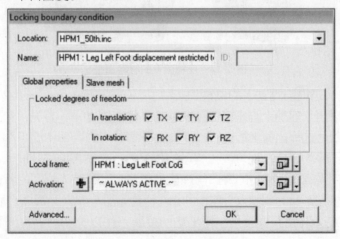

图 5-14 驾驶人脚部的固定

(5) 仿真参数的设定

座椅模型的仿真工况为驾驶人模型在座椅模型上的动态乘坐过程，50 百分位驾驶人模型的仿真时间为 1200ms，仿真步长为 100ms，座椅模型的靠背角度为 24.4°。仿真时座椅坐垫的发泡密度为（60±5）kg/m³，座椅靠背的密度变化范围为（50±5）kg/m³，见表 5-15 和表 5-16。

表 5-15　坐垫发泡密度的参数变化　　　　　　　　　单位：kg/m³

| 序号 | 1 | 2 | 3 | 4 | 5 | 6 | 7 | 8 | 9 |
|---|---|---|---|---|---|---|---|---|---|
| 密度 | 62 | 63 | 64 | 65 | 66 | 67 | 68 | 69 | 70 |

表 5-16　靠背发泡密度的参数变化　　　　　　　　　单位：kg/m³

| 序号 | 1 | 2 | 3 | 4 | 5 | 6 | 7 | 8 | 9 |
|---|---|---|---|---|---|---|---|---|---|
| 密度 | 47 | 48 | 49 | 50 | 51 | 52 | 53 | 54 | 55 |

发泡是座椅设计中主要考虑的因素之一，发泡形成座椅的轮廓和形状，发泡的属性影响舒适性。发泡密度过大，会有僵硬的感觉，发泡密度越高，成本也越高。据此，本仿真实验改变座椅模型的发泡密度，观察发泡密度的改变对压力分布的影响。具体的座椅模型发泡密度参数的设置过程如图 5-15 所示，仿真参数的步长设置为 1kg/m³。

图 5-15　座椅模型发泡密度设置

### 5.4.2　仿真结果与分析

(1) 驾驶人模型 $Z$ 轴方向的 H 点位置变化

仿真结果得出的驾驶人模型沿着座椅 $Z$ 轴方向（垂直椅面方向）的 H 点位

置的变化如图 5-16 所示，驾驶人乘坐状态的仿真过程分为三个阶段。

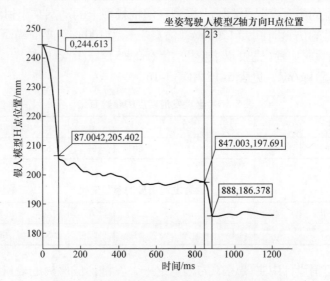

图 5-16　驾驶人模型 Z 轴方向的 H 点位置变化

第一阶段为驾驶人模型自由下降阶段，在图中为 0~87ms 阶段，H 点的高度由 244.613mm 减小为 205.402mm。

第二阶段为驾驶人模型与座椅模型坐垫接触下降阶段，由图中可以看出在 87ms 至 847ms 之间，驾驶人模型的 H 点高度由 205.402mm 减小到 197.691mm，H 点的高度几乎保持不变，座椅与臀部的接触应力逐渐增加，驾驶人模型逐渐嵌入座椅坐垫，H 点高度变化不大。在 847~888ms 时，驾驶人模型与座椅靠背接触，导致驾驶人模型的 H 点高度大幅度波动。

第三阶段为驾驶人模型与座椅靠背接触阶段，从 847ms 开始接触到 1200ms，H 点高度维持在 186mm，驾驶人模型的 H 点高度几乎不变，驾驶人模型与座椅模型坐垫和靠背的接触完全，驾驶人正常驾驶时就处于该状态。在正常驾驶状态下，驾驶人在座椅上的压力分布和接触应力不会大范围变化。

（2）座椅模型坐垫的压力分布

仿真过程中得到的各个发泡密度下座椅模型坐垫的压力分布云图如图 5-17（见彩插）和图 5-18（见彩插）所示。

从图 5-17 和图 5-18 中可以看出，随着座椅模型发泡密度的增大，座椅模型坐垫的压力分布轮廓基本不变，座椅坐垫的应力集中出现在左右坐骨节点处，表 5-17 和表 5-18 为不同发泡密度下输出的座椅模型坐垫的接触参数，具体的如图 5-19 所示。

第 5 章 考虑人体骨肌生理特性的汽车座椅乘坐舒适性评价方法

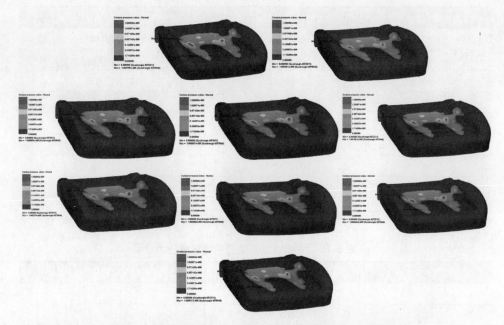

图 5-17 50 百分位驾驶人乘坐于各发泡密度座椅模型的坐垫压力分布云图

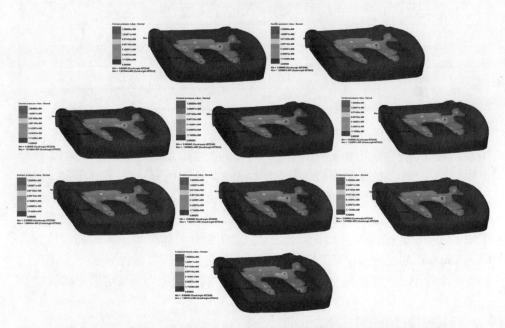

图 5-18 95 百分位驾驶人乘坐于各发泡密度座椅模型的坐垫压力分布云图

表 5-17　座椅模型坐垫的接触面积

| 发泡密度/(kg/m³) | 50 百分位接触面积/mm² | 95 百分位接触面积/mm² |
| --- | --- | --- |
| 62 | 66875.96875 | 73588.40625 |
| 63 | 66964.25 | 73468.33594 |
| 64 | 67020 | 72911.35156 |
| 65 | 66786.35156 | 73115.96094 |
| 66 | 67158.70313 | 72865.03906 |
| 67 | 66701.0625 | 72997.14844 |
| 68 | 66790.29688 | 73199.25 |
| 69 | 66720.96094 | 72827.89063 |
| 70 | 67166.0625 | 73122.65625 |

表 5-18　座椅模型坐垫的平均接触压力

| 发泡密度/(kg/m³) | 50 百分位平均接触压力/Pa | 95 百分位平均接触压力/Pa |
| --- | --- | --- |
| 62 | 5087.26 | 5382.36 |
| 63 | 5060.93 | 5355.34 |
| 64 | 5058.34 | 5375.46 |
| 66 | 5064.25 | 5366.13 |
| 67 | 5074.33 | 5369.61 |
| 68 | 5063.6 | 5349.65 |
| 69 | 5070.61 | 5353.74 |
| 70 | 5079.59 | 5344.54 |

　　座椅模型坐垫的接触面积和平均接触压力随发泡密度变化的趋势如图 5-19 所示。坐垫的接触面积和平均接触压力随发泡密度改变的趋势较小，但 95 百分位体征驾驶人坐垫的接触面积和平均接触压力均比 50 百分位的测试值高。这是因为 95 百分位体征驾驶人的体重高于 50 百分位体征的驾驶人，当 50 百分位和 95 百分位体征的驾驶人分别乘坐于座椅上时，95 百分位体征的驾驶人使座椅承受更多的重量，座椅本身的变形量也大于 50 百分位体征驾驶人的测试值，且 62~70kg/m³ 的发泡为较高密度值的发泡，其硬度值较高，驾驶人乘坐于座椅上的变形量较小，致使座椅坐垫的接触面积和平均接触压力随发泡密度的改变变化甚微。

（3）座椅模型靠背的压力分布

　　仿真过程中得到的各个发泡密度下座椅模型靠背的压力分布云图如图 5-20（见彩插）和图 5-21（见彩插）所示。

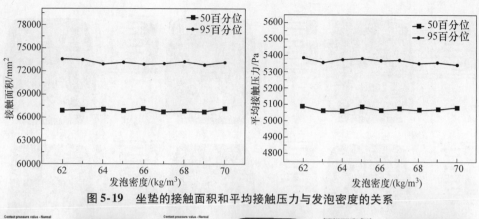

图 5-19　坐垫的接触面积和平均接触压力与发泡密度的关系

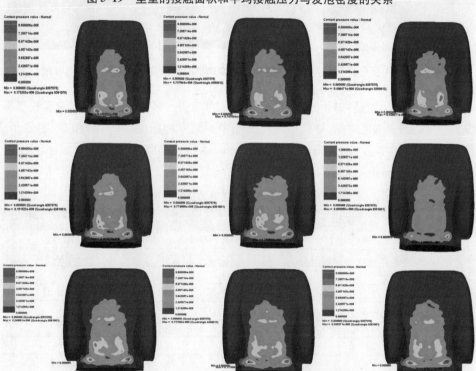

图 5-20　50 百分位驾驶人乘坐于各发泡密度座椅模型的靠背压力分布云图

图 5-21　95 百分位驾驶人乘坐于各发泡密度座椅模型的靠背压力分布云图

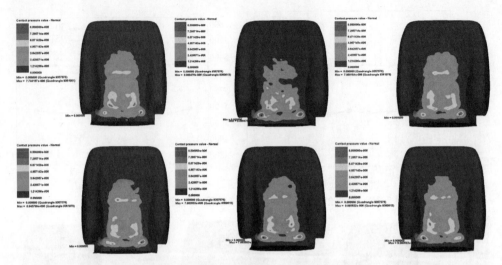

图 5-21　95 百分位驾驶人乘坐于各发泡密度座椅模型的靠背压力分布云图（续）

由图 5-20 和图 5-21 可知，随发泡密度的增加，靠背的压力分布轮廓基本不变，压力以座椅中心线对称分布。对比图中不同发泡密度下的靠背的压力分布，整体分布较为均匀，应力主要集中在腰背部区域。不同发泡密度下输出的座椅模型靠背的接触参数见表 5-19 和表 5-20。

表 5-19　座椅模型靠背的接触面积

| 发泡密度/(kg/m³) | 50 百分位接触面积/mm² | 95 百分位接触面积/mm² |
| --- | --- | --- |
| 47 | 72821.53906 | 73349.70313 |
| 48 | 73725.375 | 73584.78906 |
| 49 | 73597.33594 | 74240.92969 |
| 50 | 66906.03125 | 74406.9375 |
| 51 | 69726.96875 | 74183.125 |
| 52 | 72818.57031 | 75069.99219 |
| 53 | 72251.78906 | 70170.75 |
| 54 | 75088.85938 | 73789.22656 |
| 55 | 74678.78125 | 74054.60156 |

表 5-20　座椅模型靠背的平均接触压力

| 发泡密度/(kg/m³) | 50 百分位平均接触压力/Pa | 95 百分位平均接触压力/Pa |
| --- | --- | --- |
| 47 | 3274.02 | 3474.27 |
| 48 | 3238.58 | 3531.06 |
| 49 | 3247.37 | 3515.03 |
| 50 | 3550.9 | 3477.81 |
| 51 | 3530.61 | 3474 |

（续）

| 发泡密度/(kg/m³) | 50 百分位平均接触压力/Pa | 95 百分位平均接触压力/Pa |
| --- | --- | --- |
| 52 | 3208.09 | 3485.73 |
| 53 | 3221.51 | 3806.98 |
| 54 | 3189.79 | 3506.18 |
| 55 | 3265.32 | 3496.25 |

图 5-22 为靠背的接触面积和平均接触压力随发泡密度变化趋势图。50 百分位驾驶人的测试结果表明，在 47～55kg/m³ 的发泡密度范围内，靠背的接触面积在 47～49kg/m³ 的发泡密度范围内变化较小，当发泡密度增至 50kg/m³ 时，靠背的接触面积最小，之后随着发泡密度的增大接触面积逐渐增高，当增至 52kg/m³ 时靠背的接触面积趋于平稳。此外，50 百分位体征驾驶人靠背的平均接触压力的测试结果显示，随发泡密度的增加，靠背的平均接触压力起初变化较小，当发泡密度增至 50kg/m³ 时，靠背的平均接触压力最大，之后随着发泡密度的增加，靠背的平均压力逐渐减小，趋于平稳。出现上述现象的原因为，随着发泡密度的增加靠背相对较硬，致使接触面积减小，平均接触压力增大，当靠背的发泡密度增大到一定程度，驾驶人与靠背的接触面积趋于平稳，平均接触压力值也趋于平稳。

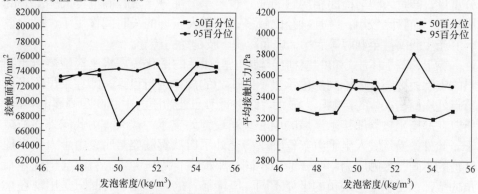

图 5-22 靠背的接触面积和平均接触压力与发泡密度的关系

95 百分位体征驾驶人的测试结果与 50 百分位体征驾驶人的测试结果相似。在 47～52kg/m³ 的发泡密度范围内，靠背的接触面积和平均接触压力变化平稳，当发泡密度增至 53kg/m³ 时，靠背的接触面积最小，靠背的平均接触压力值最高，之后随着发泡密度的增加，靠背的接触面积和平均接触压力趋于平稳。究其原因，随着发泡密度的增大，其相对应的硬度较大，驾驶人乘坐于高密度值发泡的座椅上，座椅的形变量较小，接触面积减小，相对应的平均接触压力增大，当发泡密度增大到一定值后，人体对座椅形变的影响区域稳定，靠背的接触面积和平均接触压力值也趋于稳定。

综上所述，50 百分位和 95 百分位体征驾驶人座椅靠背的压力分布分别在 $50kg/m^3$ 和 $53kg/m^3$ 的发泡密度范围内的接触面积较小且平均接触压力值较大；当 50 百分位和 95 百分位体征的驾驶人乘坐于 $62\sim70kg/m^3$ 发泡密度范围的座椅时，座椅坐垫的接触面积和平均接触压力变化较小。

## 5.5 考虑多模态人体生理信息的汽车乘坐舒适性测试评价方法

考虑多模态人体生理信息的汽车乘坐舒适性测试评价分为静态和动态两部分。其中，静态部分运用体压测试，分别从座椅的柔软感、座椅与人体的贴合感以及座椅对人体的支承感三个方面进行各对标车座椅舒适性的研究与分析；动态部分结合转弯时人体姿态的保持性、座椅振动吸收性以及长途驾驶抗疲劳性，进行座椅舒适性的研究。

（1）考虑多模态人体生理信息的汽车静态乘坐舒适性测试评价方法

当驾驶人坐于汽车驾驶座椅上处于自然驾驶姿势时，由于人体的头部、颈部、上肢以及躯干部分的几乎全部重量都将由脊柱向下传递到坐骨结节处，所以人体与椅面直接相接触的坐骨结节处的支承点将承受人体臀部以上的绝大部分重量，同时大腿与椅面相接触的部分也要承担部分重量，而位于大腿下方的肌肉由于血管比较粗，并且神经比较多，在较大压力的长时间作用下，肌肉很容易产生酸痛甚至麻痹等症状，进而影响下肢神经的传导。

综上，基于体压分布的座椅坐垫乘坐舒适性的优化，需将座椅坐垫给予乘员的支承力按照身体不同部位承受不同压力的规律进行设计，即在乘员的坐骨节点处座椅与人体的接触压力最大，以坐骨节点处为压力中心向四周逐渐减小。所以在座椅坐垫臀部接触区域的中心应当设计为支承力最大，由此向外逐渐减小。此外，当驾驶人坐于汽车驾驶座椅上处于自然驾驶姿势时，由于人体生理特征的不同，接触压力中心一般也不同，座椅靠背的压力中心有时会出现在乘员的腰部，由于不同乘员的坐姿不同，座椅靠背的接触压力有时只是出现在乘员的背部。但是大体上座椅靠背处的压力分布遵循"三点支承"原则，即舒适性高的座椅靠背上的压力分布规律以乘员的腰背部和肩部为压力中心，压力值向四周逐渐减小。

（2）考虑多模态人体生理信息的汽车动态乘坐舒适性测试评价方法

体压云图直观反映驾乘人员乘坐在座椅上转弯时人体姿态的偏离程度；不对称系数的测定可以客观量化座椅坐垫和靠背与人体接触区域体压分布的不对称程度。通过对座椅坐垫和靠背与人体接触区域间的压力不对称系数 $Cu$ 进行分析，可以判定转弯时人体的偏离程度，且 $0 \leq Cu \leq 1$。转弯状况下，当 $Cu=0$ 时，体压分布完全对称，人体未发生偏离，座椅对人体具有较好的姿态保持性；当

$Cu=1$ 时，体压集中于一侧，人体偏离程度较大，座椅对人体姿态的保持性相对较差；当 $Cu$ 居于这两者之间时，值越大，座椅对人体姿态的保持性越差。结合转弯工况下座椅压力不对称系数的实测数据，以及测试人员主观评定的各对标车座椅转弯工况下的人体姿态保持性，主客观相结合分析得出不对称系数对应主观姿态保持性的范围见表 5-21。此外，总体姿态保持性较好的座椅坐垫和靠背也具有相对优异的姿态保持性，即座椅坐垫或靠背的姿态保持性好是座椅总体具有好的姿态保持性的必要条件。

表 5-21　不对称系数对应主观姿态保持性范围

| 坐垫压力不对称系数 | <0.5 | 0.5~0.65 | 0.65~0.7 | >0.7 |
|---|---|---|---|---|
| 人的主观感觉 | 没有不舒适 | 稍有不适，总体满意 | 较不舒适，但可以接受 | 不舒适 |
| 座椅转弯时的人体姿态保持性 | 好 | 比较好 | 一般（可以） | 差 |

实车行驶时，振动对人体的直接影响涉及躯干和身体局部的生物动态反应行为、生理反应、性能减退和敏感度障碍。因此，座椅的振动舒适性关系着座椅的整体乘坐舒适性。据此，应使用基本的评价方法——总加权加速度均方根值评价振动，即振动输入点三轴加速度均方根值的合成值，计算公式如下：

$$a_{\mathrm{w}} = \sqrt{k_x^2 a_{\mathrm{wx}}^2 + k_y^2 a_{\mathrm{wy}}^2 + k_z^2 a_{\mathrm{wz}}^2} \tag{5-2}$$

式中　$a_{\mathrm{wx}}$、$a_{\mathrm{wy}}$、$a_{\mathrm{wz}}$——输入点的 $x$ 轴向、$y$ 轴向、$z$ 轴向的加权加速度均方根值。

当考虑振动对健康的影响时，标准规定对于坐姿的人体 $x$、$y$、$z$ 三个轴向的加权系数分别为 $k_x=1.4$，$k_y=14$，$k_z=1$。

式（5-3）为乘坐舒适性，通过该公式可将汽车座椅处的振动加速度均方根值与人对汽车振动舒适性的主观感觉联系起来，得出总的汽车乘坐振动舒适性指标，测定座椅的振动吸收性。

$$C_{\mathrm{v}} = 1.1869 - 0.5935 a_{\mathrm{w}}^{[19]} \tag{5-3}$$

因此，将汽车座椅处的振动加速度均方根值与人对汽车振动舒适性的主观感觉联系起来，测定不同车速的加权矩阵函数，计算出各对标车总的乘坐振动舒适性指标。

表 5-22 为加速度值与人主观感觉及汽车振动舒适性之间的关系。运用该表就将振动加速度均方根值与人的主观感觉和振动舒适性指标联系起来，从而得出总的汽车乘坐舒适性指标，进而测定座椅的振动吸收性。

表 5-22　加速度值与人主观感觉及汽车振动舒适性间的关系

| 加权加速度值/（m/s²）（r·m·s） | <0.315 | 0.315~0.63 | 0.5~1.0 | 0.8~1.6 | 1.25~2.5 | >2.0 |
|---|---|---|---|---|---|---|
| 人的主观感觉 | 没有不舒适 | 稍有不舒适 | 有些不舒适 | 不舒适 | 很不舒适 | 极不舒适 |
| 平均加权加速度值/（m/s²） | <0.315 | 0.48 | 0.74 | 1.15 | 1.83 | 2.0 |
| 汽车振动平顺性舒适度 $C_{\mathrm{v}}$ | 1.0 | 0.9 | 0.75 | 0.5 | 0.10 | 0 |

考虑到驾驶人之间的个体差异，例如皮下脂肪层厚度、皮肤阻抗等，会直接影响肌肉电信号幅值，需要对肌电信号进行标准化以消除个体差异。具体的

为进行了各部位肌肉的 MVC 标定，见表 5-23（见彩插）。

表 5-23 MVC 标定测试示意图

| 肌肉群 | 图示 | 动作姿势 | 肌肉标定 |
|---|---|---|---|
| 斜方肌 | 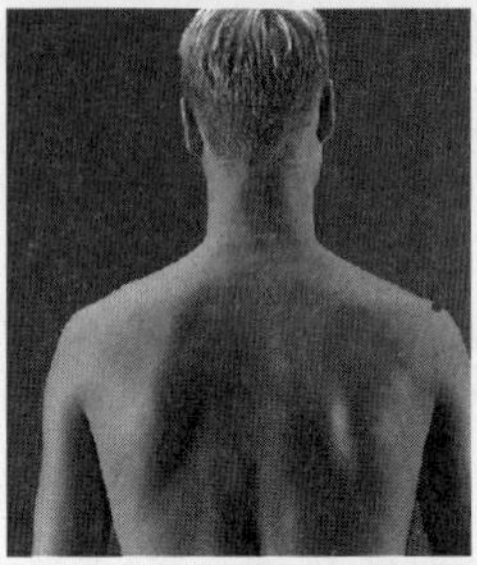 | 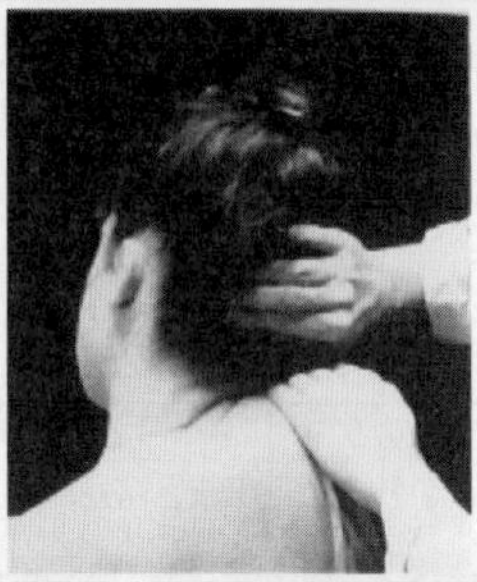 | 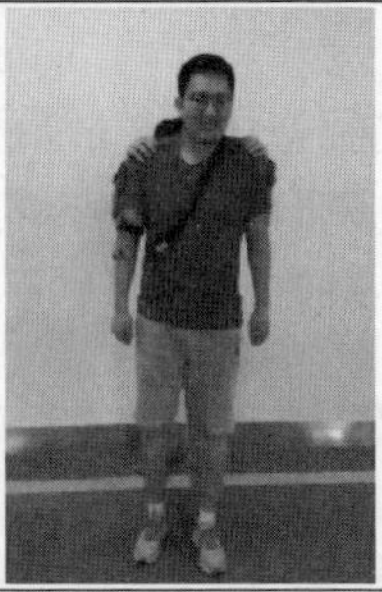 |
| 肱三头肌 | 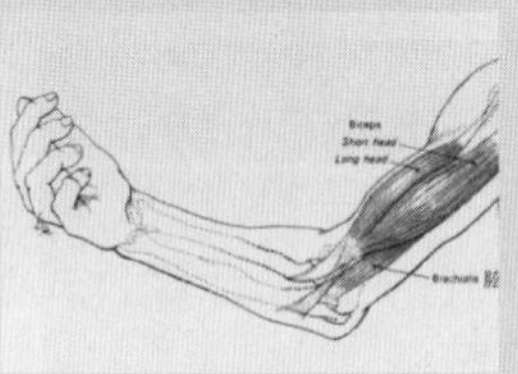 | 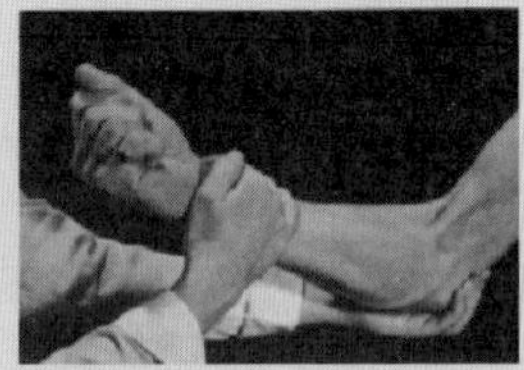 | 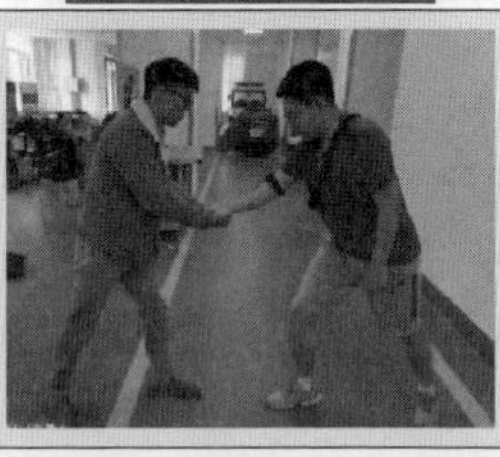 |
| 竖脊肌 | 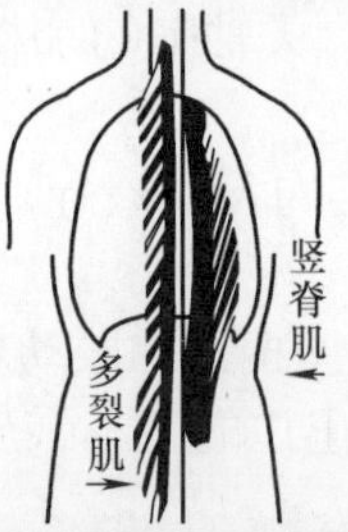 | 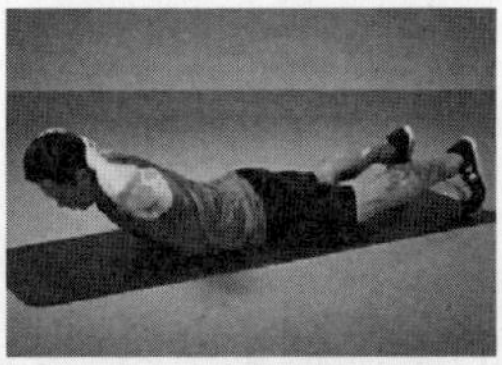 | 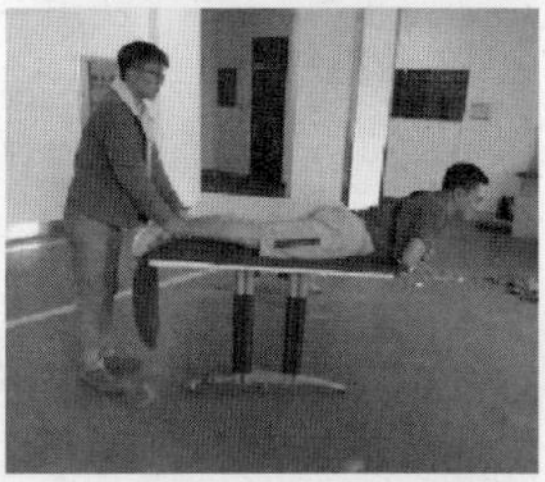 |
| 股直肌 | 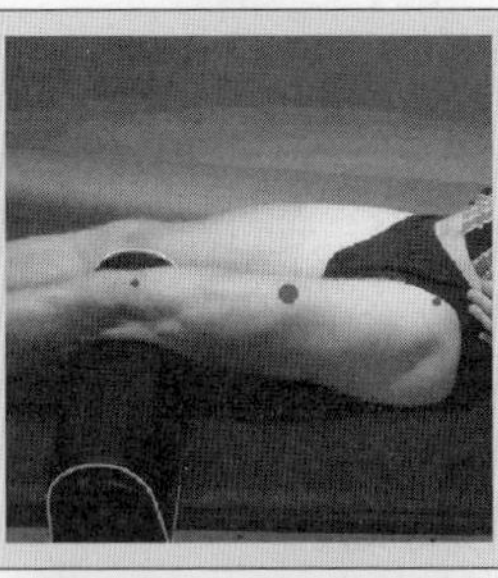 | 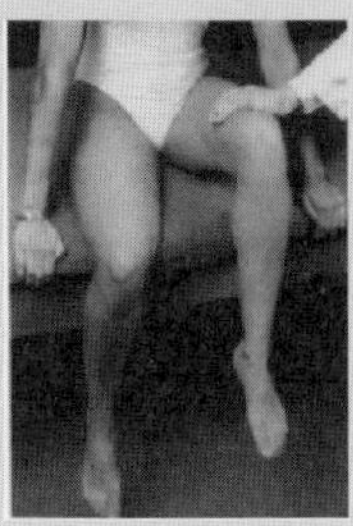 | 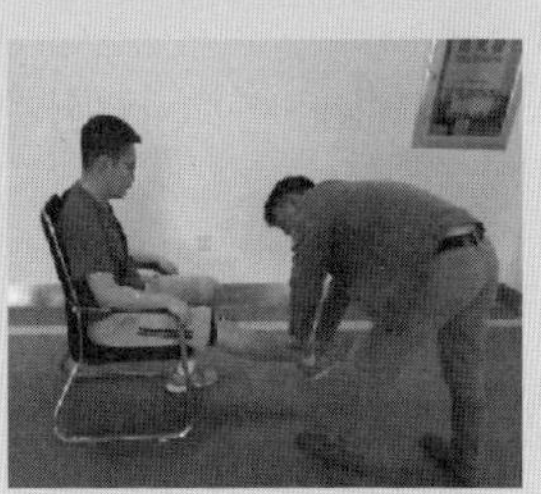 |
| 腓肠肌 | 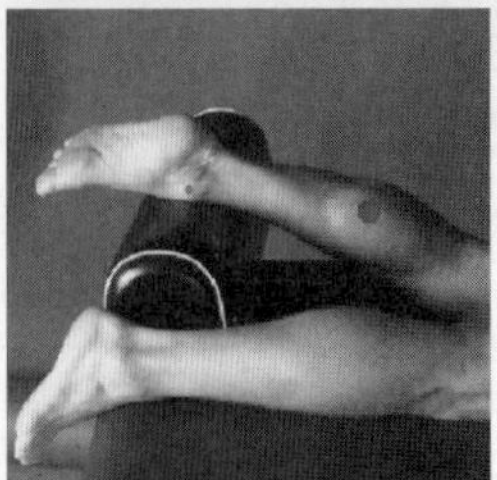 | 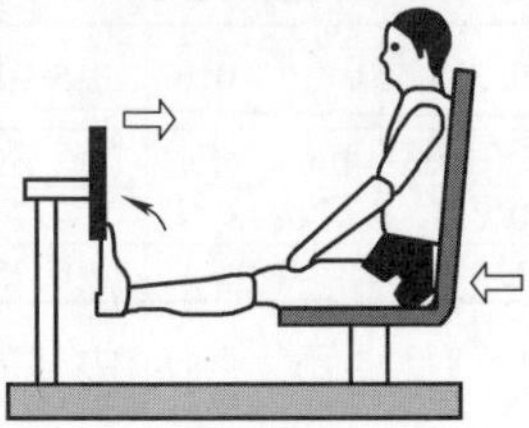 | 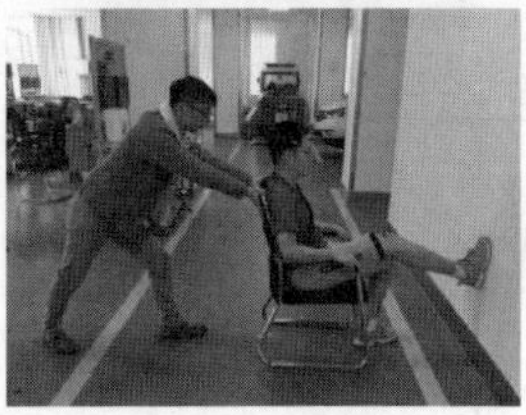 |

当驾驶人手握转向盘时以及踩踏踏板时，主要运动的是人体上肢与下肢，持续长时间的驾乘姿态，使肱三头与腓肠肌长时间收缩，造成肌肉缺氧，酸性代谢产物堆积，细胞内缺钾，结果使该区域的肌肉疲劳度相对较高。此外，驾驶姿态下，人体头部、颈部、上肢以及躯干部分的几乎全部重量都将由脊柱向下传递到坐骨结节处，致使座椅椅面支承人体约四分之三的重量，而与座椅椅面相互接触的大腿部是驾驶人的主要受力部位，同时大腿下方的肌肉由于血管比较粗并且神经比较多，在较大压力的长时间作用下，肌肉很容易产生酸痛甚至麻痹等症状，进而影响下肢神经的传导，造成该区域肌肉的激活程度高于其他部位的测定值。因此，长时间驾驶后，人体的上肢以及下肢是相对容易产生疲劳的部位。

此外，测试人员乘坐在对标车上人体各部位的肌肉激活程度存在差异。通过分析表面肌电信号的均方根值，一方面可以分析肌肉负荷性因素和肌肉本身生理生化过程之间的内在联系，另一方面直观地反映了肌电信号的幅值特征。当疲劳发生时，肌电信号的振幅增高，从而引起均方根振幅（RMS）增加，具有相对高的肌肉激活度，座椅的乘坐舒适性相对较差。此外，结合长途驾驶工况下人体各部位肌肉的激活程度，以及测试人员主观评定的各对标车座椅的长途驾驶抗疲劳性，主客观相结合分析测定了肱三头肌、斜方肌、竖脊肌、臀大肌、股直肌、腓肠肌肌肉激活程度对应主观感受的范围见表5-24。

表5-24　长途驾驶工况下各肌肉激活程度的对应主观感受范围

| 肱三头肌肌肉激活程度 | <0.05 | 0.05~0.1 | 0.1~0.3 | >0.3 |
|---|---|---|---|---|
| 斜方肌肌肉激活程度 | <0.01 | 0.01~0.02 | 0.02~0.03 | >0.05 |
| 竖脊肌肌肉激活程度 | <0.01 | 0.01~0.015 | 0.015~0.035 | >0.035 |
| 臀大肌肌肉激活程度 | <0.005 | 0.005~0.015 | 0.015~0.03 | >0.03 |
| 股直肌肌肉激活程度 | <0.1 | 0.1~0.2 | 0.02~0.045 | >0.045 |
| 腓肠肌肌肉激活程度 | <0.02 | 0.02~0.03 | 0.04~0.01 | >0.01 |
| 人的主观感觉 | 没有不舒适 | 稍有疲劳，总体满意 | 比较疲劳，但总体可以忍受 | 人体非常疲劳 |
| 长途驾驶抗疲劳性 | 好 | 比较好 | 一般（可以） | 差 |

## 5.6 高舒适性汽车座椅的正向数字化开发流程

高舒适性汽车座椅的正向数字化开发流程如图5-23（见彩插）所示。

图 5-23 高舒适性汽车座椅的正向数字化开发流程

## 参 考 文 献

[1] FLOYD W F, ROBERTS D F. Anatomical and Physiological Principles in Chair and table design [J]. Ergonomics, 1958, 2 (1): 1 – 16.

[2] SHACKEL B, CHIDSEY K D, SHIPLEY P. The assessment of chair comfort. [J]. Ergonomics, 1969, 12 (2): 269 – 306.

[3] CORLETT E N, BISHOP R P. A technique for assessing postural discomfort [J]. Ergonomics, 1976, 19 (2): 175.

[4] ZHANG L, HELANDER M G, DRURY C G. Identifying factors of comfort and discomfort in sitting. [J]. Human Factors, 1996, 38 (3): 377 – 389.

[5] ZENK R, MERGL C, HARTUNG J, et al. Objectifying the Comfort of Car Seats [C] // SAE 2006 World Congress & Exhibition. New York: SAE, 2006.

[6] MERGL C, KLENDAUER M, MANGEN C, et al. Predicting long term riding comfort in cars by contact forces between human and seat [Z]. 2005.

[7] FANG R, GAO J, XIE S. Analysis of pressure distribution between human and seat for evaluation of automotive seating comfort [Z]. 2016.

[8] KOLICH M, TABOUN S M. Combining psychophysical measures of discomfort and electromyography for the evaluation of a new automotive seating concept [J]. International Journal of Occupational Safety & Ergonomics Jose, 2002, 8 (4): 483.

[9] MICHIDA N, OKIYAMA H, NISHIKAWA K, et al. A study of drivers' fatigue mechanisms during long hour driving [Z]. 2001.

[10] PARK S, LEE Y, NAHM Y, et al. Seating physical characteristics and subjective comfort: design considerations [J]. Papers; Automotive_Sector, 1998.

[11] MASTRIGT H V, KAMP I, VEEN S A T V, et al. The influence of active seating on car passengers' perceived comfort and activity levels [J]. Applied Ergonomics, 2015, 47: 211.

[12] 陈飞. 考虑驾驶人体压分布的座椅乘坐舒适性研究 [D]. 长春: 吉林大学, 2016.

[13] 林凌云. 汽车座椅静态舒适度的主客观评价方法研究 [D]. 长春: 吉林大学, 2012.

[14] 王正华, 喻凡, 庄德军. 汽车座椅舒适性的主观和客观评价研究 [J]. 汽车工程, 2006 (09): 817 – 819.

第 6 章
面向驾驶人躯体舒适性的驾乘姿态设计与评价

## 6.1 概述

汽车的驾驶姿态与舒适性密切相关。座椅位置、转向盘位置、踏板位置等布置因素与驾驶人人体尺寸、肢体的运动模式等人体因素对舒适性均有至关重要的影响。驾驶人处于最优驾驶姿势时，主观感受是最舒适的，此时所对应的人体生物负荷如肌肉力、关节扭矩、肌肉活动度及接触力等指标也处于"舒适"范围。通过对比分析不同驾驶姿势下的生物负荷指标及主观感受可以有效地揭示驾驶人舒适性机理，同时，借助人体骨肌建模软件建立驾驶人驾驶姿势的仿真分析模型，进行驾驶姿势生物负荷分析，获取处于"舒适"范围驾驶姿势时的肌肉激活度，对车辆人机工程性能进行评价并提供改进建议。

大多数驾驶人趋于选择中间驾驶姿势以获得最优的乘坐舒适性[1]。驾驶姿势的研究主要分为试验研究和仿真模拟两种，试验研究又分为主观评价和客观评价。主观评价试验多选择有一定经验的试验者对目标汽车驾驶姿势进行乘坐打分，给出主观感受的分值，但这个分值与受试者的主观喜好、参与测试时的生理、心理状态等有很大关系，结果往往存在较大的波动；驾驶姿势的客观试验方法有肌电信号测量、姿势捕捉等，可以提供客观的生理测量指标，为驾驶姿势的评价提供较稳定的生理指标参数，但肌电信号也容易受其他电信号的影响，且试验成本较高，所选择的测试参数点不能过多。驾驶姿势的仿真模拟是借助生物力学骨肌建模软件对驾驶姿势进行分析的研究，可以给出各种工况下的生物负荷指标，相比试验研究，仿真模拟成本较低、适用工况范围广、仿真结果表达方式直观，越来越多地应用于驾驶姿势研究中。

本章提出了面向驾驶人躯体舒适性的驾乘姿态设计与评价方法。本方法综合试验与仿真手段，在柔性试验台架上测量符合不同百分位中国人体体征的驾驶人不同驾驶姿势的肌肉肌电信号，进而求得受试者主要肌肉的激活程度，并与仿真分析的肌肉激活程度进行对比分析，寻求不同人机环境下最佳驾驶姿势的方式与规律，形成一套满足不同中国人体体征的最佳舒适驾驶姿势的设计和评价方案。

## 6.2 人体乘坐舒适性机理分析

在多年的研究中，工效学一直没有对舒适性达成较为统一的定义。其实所谓舒适性其实就是人体的主观感受。早在 1969 年，Branton 就曾经指出将舒适性看作非常舒适抑或是能够引起疼痛感的极端不舒适这两种极端都是不合理、不合适的[2]。舒适感应该是一种连续的主观体验感，既然座椅并不能够主动地对坐在其上面的人体增加好的感觉，那就不如将一个我们所谓的好的座椅定义为它能够做的就是不会引起人体产生不舒适的感觉。在1972年Hertzberg[3]直接将不存在不舒适的感觉作为舒适感的定义。但是舒适感的存在与否并不取决于不舒适感，也不会因为没有不舒适的感觉而就自然而然地产生。Zhang[4]和Helander[5]更进一步提出的理论是当体验到的比所预期的更多时，人们才会感到舒适。2003年，De Looze等[6]对舒适性做出了如下的解释：舒适是人对自然的一种主观感受；舒适会受到许多种不同因素的影响而发生改变，其中包括但不仅仅限于生理方面的、心理方面的、物质方面的等等；舒适是人对环境的一种反应。而这一解释得到了大多数人的认同。

近年来，相关的研究人员开展了许多有关乘坐舒适性的研究，目前的研究方法主要分为主观评价方法和客观评价方法。

（1）舒适性主观评价方法

目前应用较多的主观评价的方法主要是在各个厂商和研究所之中采用的主观调查表，主观调查表可以用来记录受试人员的主观感受并对这些感受进行不同等级的区分。

（2）舒适性客观评价方法

客观评价方法是用数据分析的方法，通过记录人体的部分相关数据、人体的行为数据、生理变化数据等来考量分析人体的舒适程度。目前主要的客观评价方法有：体压分布分析、驾驶姿态关节角度分析、基于生理学的分析法（包括脑电图、心电图、肌电信号、动脉血液氧饱和度等）、计算机辅助工程CAE（包括有限元分析等）、热舒适度分析等。

汽车的驾驶过程属于典型的人机交互过程，驾驶人对座椅、转向盘、踏板等部件施加作用力的同时也会受到其产生的反作用力，从而使驾驶人在驾驶过程中出现舒适或不舒适的主观感觉。其中，驾驶舒适性是由外在环境与内部生物力学约束相互作用产生的，并影响骨肌系统。因此，在驾乘舒适性的评价中，需要考虑对驾驶人的骨骼肌肉系统的影响，才能使汽车的布置设计更加宜人化。

整个人体的运动系统是由骨骼肌、骨骼以及关节共三个部分共同组成的[7]。人体全身的支架就是由人体各个部分的骨骼通过关节连接形成的，骨骼的运动可以赋予人体进行基本的运动姿态；在神经系统的控制下，骨骼通过骨骼肌收缩与舒张的动作，牵拉骨骼以改变其角度和位置使骨骼发生运动[8]。在研究理想驾驶姿态时，主要针对可以产生相互协同控制作用的人体运动控制系统在数量庞大的众多人体肌肉中筛选出主要工作的肌群（即产生运动程度较大，激活程度较大的肌群）的力学反应。

当人体在车内处于正常驾乘姿态时，与座椅主要交互的部位有：与靠背相互接触的胸腰部和与座椅椅面相互接触的大腿部；与转向盘、驻车制动杆等交

## 第6章 面向驾驶人躯体舒适性的驾乘姿态设计与评价

互的部位为上肢;与踏板交互的部位为下肢。因此,可以基于人体解剖学,从人体生物力学理论的角度出发,主要对人体的上肢骨骼肌肉、腰腹部肌肉、胸椎和腰椎部分骨骼以及下肢骨骼肌肉进行有效的机理性分析。

### 6.3 考虑骨肌力学特性的"理想驾姿"设计

#### 6.3.1 影响"理想驾姿"的主要人机布置参数

在整车总布置中,驾驶座椅、转向盘和加速踏板三者之间的布置关系主要影响驾驶人的驾驶姿态。根据 SAE-J826 标准的规定,由座椅参考点 SgRP、加速踏板踵点 AHP 以及转向盘中心点 SWC 形成了一个人机三角形,当三角形的角度以及转向盘与加速踏板的中心点距离在一定约束条件下时,驾驶人的驾驶姿势才是合理的,如图 6-1 所示[17]。

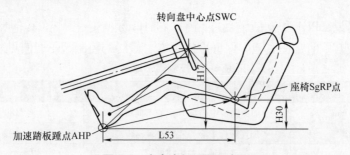

图 6-1 汽车人机工程三角形

定义转向盘中心点与驾驶人 H 点的 $X$ 向距离为 L1、与地板的 $Z$ 向距离即转向盘高度为 H1,定义加速踏板中心点与 H 点的 $X$ 向距离为 L2、与 H 点的 $Z$ 向距离为 H2,如图 6-2 所示。L1 和 H1 控制了座椅与转向盘的布置关系,主要影响驾驶人上肢的姿势,L2 和 H2 控制了座椅与加速踏板的布置关系,主要影响驾驶人下肢的姿势。根据德国汽车工业协会(VDA)推荐的靠背角最佳范围为 20°~30°,将座椅靠背倾角 A40 取为 25°的前提下,通过对以上 4 个参数的研究,即可得出驾驶人的最舒适的"理想驾姿"。因此选取 L1、H1、L2、H2 这 4 个人机布置参数作为主要研究因子。

在确定研究因子后,需要对加速踏板中心与地板的 $Z$ 向距离 PH1、加速踏板倾角 $\alpha$、转向盘与 $z$ 轴夹角 A18、坐垫角 A27、加速踏板中心与 H 点的 $Y$ 向距离 PW1 等参数进行变量控制,也就是将这些参数作为控制因子,确定它们的取值。

根据 SAE J1516 标准,得出加速踏板倾角 $\alpha$ 和加速踏板高度 PH1 的计算公

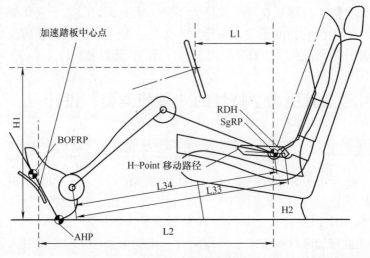

图6-2 研究因子

式,也就是说,PH1和$\alpha$属于受控因子,随H2数值变化[18]。其他参数根据市场调研确定其取值,在实验中保证取值不变。最终的控制因子取值见表6-1。

表6-1 控制因子取值

| 人机布置参数 | 定义 | 取值 |
| --- | --- | --- |
| PW1/mm | 加速踏板中心与H点的Y向距离 | 180 |
| PH1 | 加速踏板中心与地板的Z向距离 | $210 - 0.2 \times H2$ |
| $\alpha/(°)$ | 加速踏板倾角 | $\alpha = 77 - 0.08 \times H2$ |
| A18/(°) | 转向盘倾角 | 25 |
| W9/mm | 转向盘直径 | 380 |
| A40/(°) | 驾驶座椅靠背倾角 | 25 |
| A27/(°) | 驾驶座椅坐垫角 | 13 |

在确定4个研究因子后,调研目前现有的轿车车型的人机布置参数范围,在使每个因子有适当且均匀的变化量的情况下,最终为每个研究因子选择5个水平,具体见表6-2。

表6-2 轿车的研究因子水平

| 研究因子 | 取值范围/mm | 水平/mm | | | | |
| --- | --- | --- | --- | --- | --- | --- |
| | | -2 | -1 | 0 | 1 | 2 |
| L1 | 366~454 | 366 | 388 | 410 | 432 | 454 |
| H1 | 625~745 | 625 | 655 | 685 | 715 | 745 |
| L2 | 912~952 | 912 | 922 | 932 | 942 | 952 |
| H2 | 220~300 | 220 | 240 | 260 | 280 | 300 |

### 6.3.2 "理想驾姿"的评价指标

针对人机布置舒适性的试验研究有主观评价和客观评价两种方法,主观评价可以较为直观地反映试验者对车内布置参数的评价打分,对舒适性进行定性分析,但容易受试验者经验和喜好的影响,结果往往存在较大的波动。客观试验方法有肌电信号测量、姿势捕捉等,可以提供驾驶人的客观生理数据,对舒适性进行定量的分析,评价较为可靠,但肌电信号也容易受周围因素的影响,且试验成本较高,试验条件要求苛刻。

因此同时选用以上两种评价方法,以肌电参数为主要客观评价指标,同时结合驾驶人主观评价打分以及关节角度值,综合评价各人机布置参数对驾驶人舒适性的影响。

**1. 主观评价指标**

目前国内外对于人机布置的舒适性主观评价方法有很多种,主要分为定性法和定量法两大类:定性打分法一般用于多种方案之间比较,不能够形成大量主观数据进行分析[19],同时也不好评判驾驶人对各组布置参数的感受;而定量打分法是根据制定的打分标准单独对每个方案进行打分,定量打分又分为绝对打分和相对打分。由于相对打分法要首先确定一个标准方案,其他方案以此为基准进行相对评价,由于在寻求最优布置方案时,并不能够直接确定舒适的人机布置方案基准。因此采用定量打分法中的绝对分数法,直接将驾驶人对每组人机布置参数下的驾驶姿态进行评分,将舒适程度用分值体现出来。

国内外相关研究采用较多的打分度量有:美国 SAE 十分制评分标准、日本七分制打分法、德国奥迪公司十分制打分法、襄阳检测中心十分制打分法。后两种打分法均是由 SAE 标准衍生出来的,在其基础上增加了评价人员要求以及对每个打分的改进措施。

以目前主流的 SAE 十分制打分法为基础,首先对驾驶人身体各部位进行划分,选取必要的部位进行舒适程度评价。对人体不舒适部位的区域划分方法采用 BPD(Body Part Discomfort)方法,BPD 方法将人体全身划分为 26 个部位,如图 6-3 所示。

BDP 尺度将人体部位划分得十分详细,考虑到主要研究转向盘、踏板和座椅的相对位置,因此选取驾驶人四肢的部位进行舒适程度评价,具体选择肩部、上臂、前臂、大腿、膝盖、小腿 6 个部位,由于这些身体部位是对称的,可以对右半身的部位进行评价代替左半身的舒适感受。将主观打分尺度分为 10 个等级,1 分为极度不舒适,10 分为极度舒适。1~4 分为不舒适区间,5 分为舒适程度接受边界线,6~7 为较舒适区间,8~10 分为期望区间,每个分值具体含义见表 6-3。

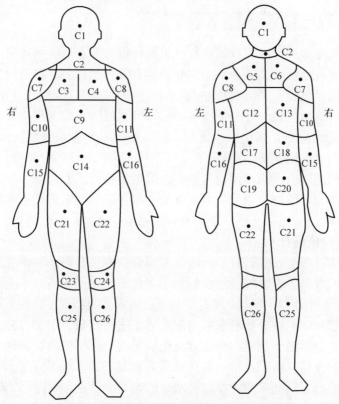

图 6-3　BPD 方法人体舒适度评价区域划分

表 6-3　舒适度主观打分量表

| 分值 | 1 | 2 | 3 | 4 | 5 | 6 | 7 | 8 | 9 | 10 |
|---|---|---|---|---|---|---|---|---|---|---|
| 含义 | 极差 | 差 | 较差 | 稍差 | 接受 | 合格 | 好 | 很好 | 非常好 | 极好 |

被试驾驶人在每次台架试验过程中，均要对照部位划分图和主观打分表（表 6-3），按照自身的主观感觉打分，最终将打分结果填入主观评价表中，见表 6-4。

表 6-4　舒适度主观评价表

| 样本编号 | | 打分 |
|---|---|---|
| 部位代码 | 部位名称 | |
| C8 | 右肩 | |
| C11 | 右上臂 | |
| C16 | 右前臂 | |
| C22 | 右大腿 | |
| C24 | 右膝 | |
| C26 | 右小腿 | |

## 2. 客观评价指标

从驾驶人的关节和肌肉两方面生理指标来客观评价驾驶人的舒适程度。对于关节参数来讲，驾驶姿态的舒适性一般用关节角度来推理出人机布置参数与驾驶人生理结构之间的关系；对于肌肉参数来讲，由于每块肌肉的强度不同，发力极限也不同，无法用肌肉力来评判肌肉的发力程度，因此选用肌肉激活程度作为驾驶舒适性的评价指标。

（1）关节角度

由于驾驶人的驾驶动作主要通过四肢协同完成，因此主要测量与手臂和腿部相关的关节角度。为了保证关节角度测量的准确性，在被测驾驶人的主要关节位置粘贴不干胶圆点（直径2cm），分别贴在肩膀、手肘、手腕、骨盆、膝盖、脚踝处，并将这几个粘贴点依次命名为 A、B、C、D、E、F。测量角度与粘贴点具体如图6-4所示。

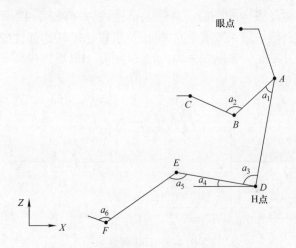

**图6-4 测量关节角与主要关节点示意图**

由于主要研究右半身的驾驶姿态，因此关节角度均以右半身的测量结果为主。具体关节角度释义与测量内容见表6-5。

**表6-5 关节角度释义与测量内容**

| 夹角代码 | 关节名称 | 测量内容 |
| --- | --- | --- |
| $a_1$ | 上臂—躯干夹角 | 以 A 为顶点测量 AB 与 AD 的夹角 |
| $a_2$ | 上臂—前臂夹角 | 以 B 为顶点测量 BC 与 BA 的夹角 |
| $a_3$ | 躯干—大腿夹角 | 以 D 为顶点测量 DA 与 DE 的夹角 |
| $a_4$ | 大腿抬起角度 | 以 D 为顶点测量 DE 与椅面的夹角 |
| $a_5$ | 大腿—小腿夹角 | 以 E 为顶点测量 ED 与 EF 的夹角 |
| $a_6$ | 小腿—脚部夹角 | 以 F 为顶点测量 FE 与鞋面的夹角 |

### (2) 肌肉激活程度

肌肉激活程度（Muscle Activity，MA）可以反映肌肉的发力程度，也就是肌肉在完成动作时的发出的力占肌肉总的力量强度的百分比，也就是肌肉在外力作用下肌肉利用率，见4.2.4小节。

## 6.4 驾驶姿态舒适性的逆向动力学仿真

### 6.4.1 肌肉模型选择

AnyBody 仿真建模系统的肌肉模型采用 Hill 模型仿真人体肌肉的模型[21]。Hill 肌肉模型由三个部分组成，分别为收缩成分（CE）、并联的弹性成分（PEE）及串联的弹性成分（SEE），其结构如图6-5所示[22]。收缩成分（CE）代表了肌肉产生主动张力的部分。并联的弹性成分（PEE）代表了肌纤维周围的结缔组织（肌外膜、肌束膜和肌内膜）及肌膜，串联的弹性成分（SEE）代表了肌腱。并联及串联的弹性成分均为非线性的。Hill 肌肉模型可以很好地模拟肌肉产生的力。

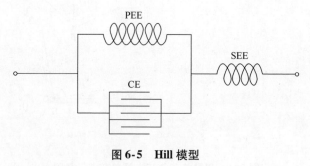

图 6-5　Hill 模型

### 6.4.2 肌肉的募集形式选择

研究表明，肌肉骨骼系统存在冗余问题，它是由于肌肉系统拥有的肌肉数多于必要的平衡外部力量的数量。在数学上的后果是，平衡方程的未知量数多于方程数，因此通常有无穷多解。但是，人体的肌肉募集并不是随机选择的，在熟练动作情况下，肌肉往往是系统性地募集。在人体或动物体内，由中枢神经系统解决这一问题。中枢神经系统根据当前状态，调用最优的肌肉[23]。

在数学上，为模拟中枢神经系统的这一功能，AnyBody 建模仿真系统提供了选择最优肌肉系统募集肌肉为标准的工作机制。具体肌肉募集的方式采用如下的优化公式进行：

目标函数最小化：

$$\text{Minimiza } G(f^{(M)}) \tag{6-1}$$

受到的约束：

$$Cf = d \tag{6-2}$$

$$f_i^{(M)} \geq 0, i \in \{1, \cdots, n^{(M)}\}. \tag{6-3}$$

这里目标函数 $G$，定义最小化选择募集肌肉的标准（也就是假设 CNS 的选取标准）。式（6-2）定义了动态力学平衡的条件，其中 $C$ 是系统中"未知"的力/力矩的系数矩阵，而 $d$ 是"已知"的力的向量，矢量 $f$ 所代表的力包括未知的肌肉力 $f^{(M)}$ 和关节反馈力 $f^{(R)}$。式（6-3）中的 $f_i^{(M)}$ 代表着骨骼肌肉模型中第 $i$ 块肌肉的肌肉力，$n^{(M)}$ 为肌肉数目，表述的是肌肉只能被拉伸。

之前已经有很多种形式的目标函数 $G$ 的公式，而其中最经常使用的是"最大值/最小值"形式，每一块的肌肉激活程度为 $f_i^{(M)}/N_i$。

$$G(f^{(M)}) = \max\left(\frac{f_i^{(M)}}{N_i}\right) \tag{6-4}$$

式（6-4）给 $G$ 的形式提供了多种可能，它也为生理方面的研究提供了基础。在这个猜想下，肌肉的疲劳主要是由其肌肉激活程度来体现的。式（6-1）和式（6-4）本质上表达的是肌肉的募集标准就是基于最小肌肉疲劳的标准[24]。

一个相对全面的全身的人体模型大约包含 1000 块肌肉，这就组成了一个相对庞大的机构，可能需要用到多种优化问题的方式来解决。最大值/最小值的方法可以如下合理化地使用，最大值/最小值的标准只用来解决最大激活程度的肌肉的问题。因为在人体全身的肌肉系统中，存在很多的肌肉其实对最大激活程度的肌肉并没有任何影响与关联。这些肌肉的肌肉力就留下来由之前提到的最小值/最大值的公式来解决[25]。为了减少这个问题对计算过程的影响，迭代法的应用就显得尤为重要。用迭代法确定每个肌肉所具有的决定性作用来完成肌肉的募集与优化[26]。

### 6.4.3 汽车座椅模型和驾驶人坐姿骨肌力学模型的建立

人体处于坐姿时，脚、腿、骨盆、脊柱是支撑身体的主要部位。其中，最主要的支柱是脊柱，脊柱由 4 块尾骨（已连成一体）、5 节骶骨（已连成一体）及 24 节椎骨连接组成（图6-6）。

椎骨自下而上分为腰椎（共5节）、胸椎（共12节）、颈椎（共7节）三部分。自上往下，椎骨逐渐变粗变大，每节椎骨所受的压力也随之逐节增加。由于腰椎几乎承受人的上体的全部重量，并且要实现扭转、侧曲、弯腰等人体运动，因此最容易受到损伤或产生变形。

驾驶人入座后，体重的大部分通过臀部作用于座椅的坐垫上，一部分通过背部由靠背承受，少部分通过左、右手及脚的踵点作用于转向盘和地板上。因此，座椅上的体压分布对乘坐舒适性有重要影响。

### 6.4.4 仿真模型及参数设定

**1. 座椅模型搭建**

座椅模型由头枕、靠背、椅面、腿部支承、脚部支承5个部分组成。椅面与靠背、椅面与腿部支承、头枕与靠背连接处均为转动副，可使椅面与靠背、椅面与腿部支承、头枕与靠背进行相对转动。脚部支承与腿部支承连接处为棱柱副，可使脚部支承沿与腿部支承垂直的方向进行相对运动。座椅模型各部分及其初始夹角如图6-7所示：

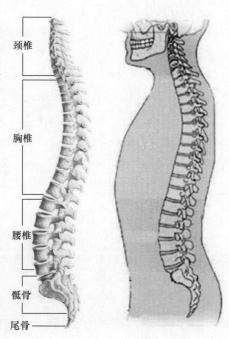

图6-6 脊柱的构造

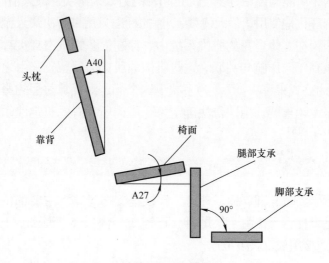

图6-7 座椅模型

座椅各部分尺寸参数见表6-6。

表6-6　座椅尺寸参数

| | 长度/m | 宽度/m | 厚度/m |
|---|---|---|---|
| 头枕 | 0.20 | 0.20 | 0.05 |
| 靠背 | 0.75 | 0.40 | 0.05 |
| 椅面 | 0.50 | 0.40 | 0.05 |
| 腿部支承 | 0.38 | 0.30 | 0.05 |
| 脚部支承 | 0.50 | 0.40 | 0.05 |

以实际台架上轿车的0水平人机参数尺寸为例，将坐垫角A27设置为13°（不变），座椅靠背角A40设置为25°（不变）。

座椅初始摩擦系数设置见表6-7。

表6-7　座椅初始摩擦系数

| | 椅面 | 靠背 | 脚部支承 |
|---|---|---|---|
| 摩擦系数 | 0.5 | 0.5 | 0.5 |

随后，在AnyBody原有人体模型的基础上，对其进行修改，使之符合实际试验的驾驶人样本参数。以50百分位驾驶人样本为例，修改后的人体模型身高为169cm，体重为61kg，如图6-8（见彩插）所示。

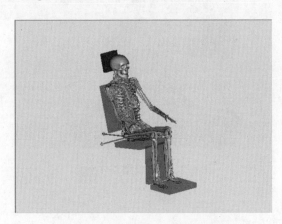

图6-8　座椅模型及人体骨肌模型

### 2. 转向盘、踏板模型搭建

考虑到驾驶人处于操纵坐姿工作的特点，根据提供的驾驶姿势试验的人机参数，以轿车的0水平参数为例，按照规定和要求，在合适的位置添加了转向盘模型及加速踏板模型。对于转向盘模型，设置其初始半径为190mm（不变），与铅垂线的夹角为25°。对于加速踏板模型，设置其初始角度为56.2°，且根据实际选用的加速踏板模型，各参数设定值见表6-8。

表 6-8 踏板模型参数

| 参数 | 设定值 |
| --- | --- |
| 踏板长度/mm | 90 |
| 踏板宽度/mm | 50 |
| 踏板行程/mm | 45 |
| 弹簧刚度/(N/mm) | 40 |
| 踏板旋转臂长度/mm | 225 |

加速踏板模型的空间位置是以 H 点为原点，踏板距离人体模型远近的方向定义为 $X$ 轴，且远离人体的方向为正；踏板相对人体模型高低的方向定义为 $Y$ 轴，且竖直向上的方向为正；将垂直 $XY$ 平面的方向即描述踏板左右空间位置的方向定义为 $Z$ 轴，且从人体模型的角度来看，布置靠右的方向为正，如图 6-9（见彩插）所示。

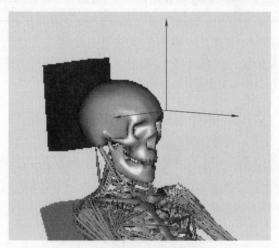

图 6-9 仿真模型整体坐标

### 3. 模型连接

（1）座椅模型连接

首先，在座椅模型与人体模型之间添加了运动学连接，从而可以使人体坐姿随着座椅参数的改变而改变。同时，为使座椅与人体之间能够进行力的传递，在头枕、座椅靠背、椅面及脚部支承处均添加了支承点[27]。其中在头枕处添加了一个支承点；座椅靠背处，在第二胸椎 T2、第六胸椎 T6、第九胸椎 T9、第十胸椎 T10、第十二胸椎 T12 处及五节腰椎 L1～L5 处共计添加了 10 个支承点；椅面处，在左右大腿的前部、后部，对称添加了 4 个支承点，在臀部左右坐骨处对称添加了 8 个支承点；脚部支承处，在脚面前部、后部共对称添加了 4 个支承点[28]。此次模拟仿真中座椅蒙面材料与人体摩擦系数为 0.22。

(2) 转向盘模型连接

接下来,在转向盘与人体左右手之间添加相应的约束。

转向盘与人体左右手的连接采用球铰约束,这样,每只手会增加 3 个约束,因此必须删除相同数目的已有约束。否则,该模型将有多余的、相互矛盾的运动学约束,从而导致模型不能运动,甚至不能正确组装。当前,模型的手臂是由下列的因素驱动:肩部的 3 个关节角(即盂肱关节);肘部的 1 个关节角;前臂的 1 个内旋角;手腕部的两个关节角。

当手臂运动起来时,肘部的关节角、肩部的屈伸是随时变化的。因此,这两个约束需要予以删除[29]。其次,当肘部弯曲,手连接到转向盘上时,肩部的内旋和外旋也就不可能了,因此,这一约束也需要予以删除。

其次,AnyBody 模型中的手为刚性体节,刚性体节的强度是无限的,当把这样的体节连接到环境中时,有时可能会得到不合理的结果。因此。必须为手再增加一个额外的手套体节。手和手套之间的连接强度是有限的,模拟的是一种正常手抓握强度。这意味着通过把物体连接到手套而不是手上,就能消除因模型滥用强度而可能出现的潜在问题。

修改肘关节及腕关节角度,使得人体以合理的姿势握住转向盘[30]。

### 4. 踏板模型连接

加速踏板与人体右脚的连接采用球铰约束。球铰约束限制了右脚的 3 个移动自由度,但是,其还有 3 个转动自由度,这需要通过运动学约束予以限制,即给踏板关节添加一个驱动器,从而将驱动踏板的角度,通过这个单一的驱动器来指定整个系统的姿态,约束右脚脚面踏在加速踏板之上,当加速踏板转动时,脚踝也随之转动,转动过程中使脚面与加速踏板始终保持平行。

为保证驾驶人踩踏板力学接触和约束的准确性,需要考虑鞋子的尺寸,以避免脚和踏板的直接刚性接触,需要在相应的人体模型添加鞋子的模型,根据样本人体尺寸在骨盆相应位置定义了 H 点,将 H 点作为全局坐标系的原点并固定,在人体模型中定义踝关节节点,然后根据踝关节节点与脚踵点(AHP)的位置关系,在脚的局部坐标系中定义脚踵点(AHP)的位置,最后依据脚踵点与脚掌踩踏点(BOF)的位置关系定义踩踏点 P 的位置[31]。H 点位置如图 6-10(见彩插)所示,鞋子模型如图 6-11(见彩插)所示。

添加座椅模型、转向盘模型及加速踏板模型,进行各模型间的连接后,得到的仿真模型如图 6-12(见彩插)所示。

在模型中,定义好坐标系原点,这样可以得出转向盘中心点、踏板中心点、H

点相对于坐标系原点的坐标，同时记录好地板相对于坐标系原点的高度。这样可以间接得出 L1、L2、H1、H2、PH1、PW1 的数值，如图 6-13（见彩插）和图 6-14（见彩插）所示。

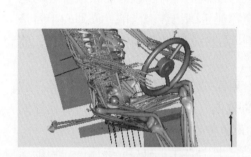

图 6-10　模型中的 H 点位置

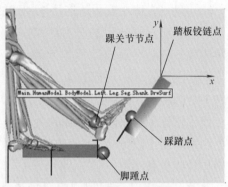

图 6-11　人体模型中的鞋子模型

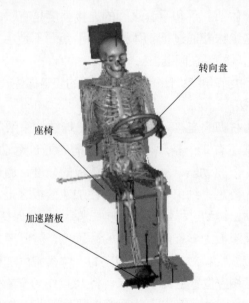

图 6-12　人体－座椅－转向盘－加速踏板仿真模型

模型中左脚摆放的位置，按照实际驾驶人姿态确定。

### 6.4.5　仿真模型的参数修改

首先根据轿车内部空间布置尺寸推荐[32]，来设置仿真模型的初始人机布置参数，主要布置参数的定义和初始取值见表 6-9。

第 6 章 面向驾驶人躯体舒适性的驾乘姿态设计与评价

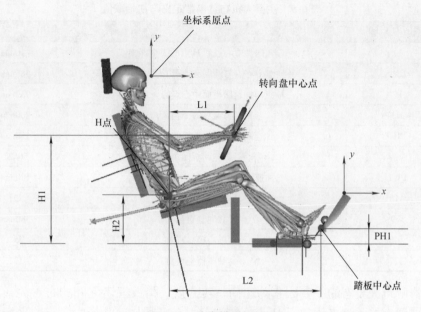

图 6-13 仿真模型侧视图

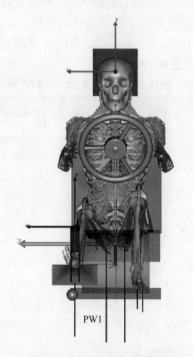

图 6-14 仿真模型主视图

表6-9 主要人机布置参数定义与初始取值

| 因素 | 描述 | 取值 |
| --- | --- | --- |
| L1 | 转向盘中心点到H点的X向距离 | 410mm |
| H1 | 转向盘中心点与踵点（地板）的Z向距离 | 685mm |
| L2 | H点与加速踏板面中心点的X向距离 | 932mm |
| H2 | H点与踵点的Z向距离 | 260mm |
| PH1 | 加速踏板中心与地板的Z向距离 | 158mm |
| α | 加速踏板倾角 | 56.2° |
| PW1 | 加速踏板中心与H点的Y向距离 | 180mm |
| A18 | 转向盘与z轴角度 | 25° |
| W9 | 转向盘直径 | 380mm |
| A40 | 驾驶座椅靠背角 | 25° |
| A27 | 驾驶座椅坐垫角 | 13° |

影响驾驶姿态的主要因素为座椅、转向盘、踏板三者之间的布置关系，因此主要研究的关键点驾驶人H点、转向盘中心点和加速踏板中心点的坐标。定义H点坐标为$(x_1, y_1, z_1)$，转向盘中心点坐标为$(x_2, y_2, z_2)$，踏板中心点坐标为$(x_3, y_3, z_3)$，踏板铰链点坐标为$(x_4, y_4, z_4)$，地板平面相对于全局参照系原点的Y向坐标为$y_5$。可以得出仿真模型关键点坐标与表6-5的人机布置参数之间的计算关系见表6-10。

表6-10 关键点坐标与人机尺寸参数之间的关系

| 参数 | 坐标关系式 |
| --- | --- |
| 转向盘中心点与H点的X向距离L1 | $L1 = x_2 - x_1$ |
| 转向盘中心点与踵点（地板）的Z向距离H1 | $H1 = y_2 - y_5$ |
| H点与加速踏板面中心点的X向距离L2 | $L2 = x_3 - x_1$ |
| H点与踵点（地板）的Z向距离H2 | $H2 = y_1 - y_5$ |
| 加速踏板中心与地板的Z向距离PH1 | $PH1 = y_3 - y_5$ |
| 加速踏板中心与H点的Y向距离PW1 | $PW1 = z_3 - z_1$ |

结合表6-9和表6-10，计算出对应的H点坐标、转向盘中心点坐标、踏板中心点坐标分别为：(0.073, -0.753, 0)、(0.483, -0.328, 0)、(1.005, -0.855, 0.18)，地板Y向坐标$y_5$为-1.013。人体模型初始值设定为身高169cm，体重61kg的驾驶人尺寸数据。调整后的仿真模型如图6-15（见彩插）所示。

### 6.4.6 仿真结果输出

人机参数修改以后，运行模型程序，以输出的胫骨前肌、腓肠肌、股直肌、

第 6 章 面向驾驶人躯体舒适性的驾乘姿态设计与评价

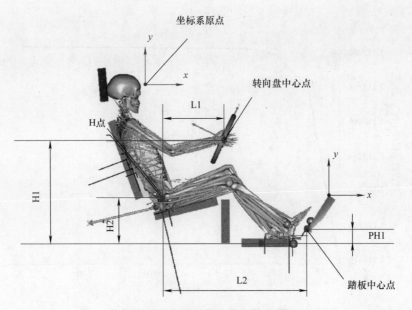

图 6-15 参数调整后的仿真模型

三角肌前部、三角肌中部五个活动肌群的激活程度为例，如图 6-16 ~ 图 6-20 所示。

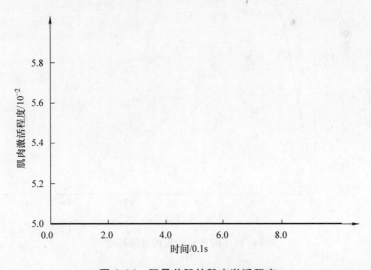

图 6-16 胫骨前肌的肌肉激活程度

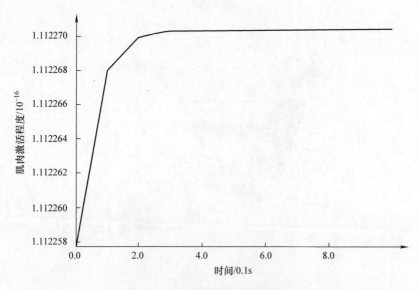

图6-17 腓肠肌的肌肉激活程度

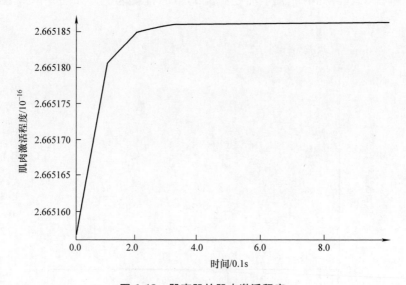

图6-18 股直肌的肌肉激活程度

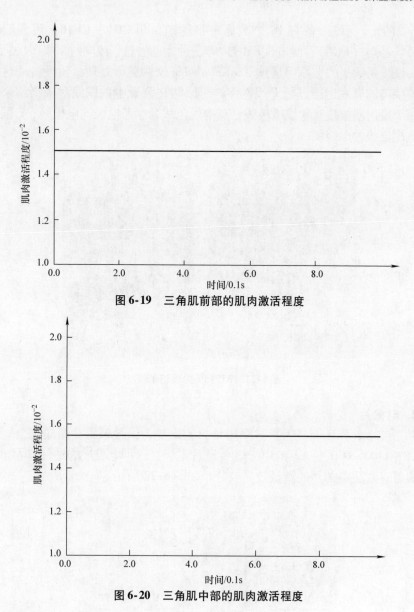

图 6-19　三角肌前部的肌肉激活程度

图 6-20　三角肌中部的肌肉激活程度

## 6.5 柔性人机试验测试台架设计开发

### 6.5.1 试验设备

**1. BioPac 生理信号采集系统**

所使用的肌电信号采集设备为美国生产的 BioPac MP150 型多导生理记录仪,

如图6-21所示。该设备有16个数据采集通道，即CH1~CH16，可测量脑电（EEG）、心电（ECG）、肌电（EMG）等多种生理信息，或同时采集多块肌肉的信息。该设备采集的数据可通过AcqKnowledge软件进行处理。该设备通过信号接收模块与信号发射器进行无线连接，可以防止测量中数据线对采集结果的干扰。每个发射器模块有3根电极线，其中黑色线为参考电极的电极线，2根红色线为被测电极的电极线。

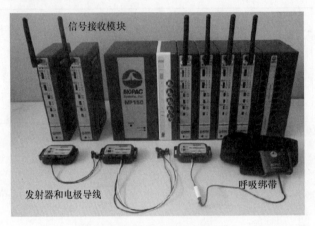

图6-21　MP150 生理记录仪

**2. 电极片**

为了减小外界环境等因素对测量结果的影响，试验采用美国康美公司生产的REF-1700-030型Ag/AgCl一次性贴片电极，这种电极片的粘贴牢固，且导电性良好，对肌电信号的测量效果较好，如图6-22所示。

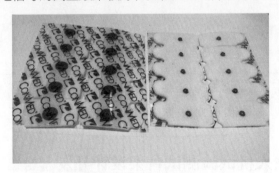

图6-22　Ag/AgCl 电极片

**3. H点装置**

选用的三维H点装置是依据美国SAE-J4002为标准，由十堰市海洑科技有限公司所制造的第二代测量假人装置，如图6-23所示。该装置其人体几何尺寸可在10%、50%、95%百分位点调节,重量为95%百分位点人体重量。利用此H点装置来确定乘员内部参考点和空间尺寸,以此来确定汽车关键参考点位置、尺寸,以及测量人机参数中的关键角度。

**4. 三维扫描仪**

采用德国GOM公司生产的ATOS 5X三维光学扫描仪,该设备采用蓝光技术和非接触式测量,可提供高精扫描数据,可重复精确测量,具有移动灵活性和过程可靠性,如图6-24所示。在使用时,只需要在物体表面均匀粘贴参考点,利用三脚架把扫描仪在测量物体的前面进行全方位扫描,设备上的两个具有高校准度的数码相机便可生成物体轮廓的点云图,最后利用配套的ATOS Professional软件生成精确的三维表面数据,进

图6-23 HPM-Ⅱ假人装置

行尺寸分析。利用三坐标扫描仪可以对主要人机布置参考点的坐标进行测量。

图6-24 ATOS 5X三维光学扫描仪

### 6.5.2 六自由度柔性试验台架设计

六自由度柔性试验台架具体如图6-25(见彩插)所示,其中图6-25a为整体图,图6-25b为侧向图。座椅具有前、后与上、下四向调节功能,座椅靠背角和坐垫角可以电动调节;转向盘具有上、下、前、后移动功能,且可绕安装点$y$轴旋转。地板具有上、下移动功能。踏板具有上、下、左、右移动功能。通过

调整座椅、转向盘以及地板的位置，可以得到局部坐标下各部分位移与角度的变化，与初始 L1、H1、L2、H2 进行四则运算就可以得到 L1、H1、L2、H2 测量值，完成人机布置参数的调整。

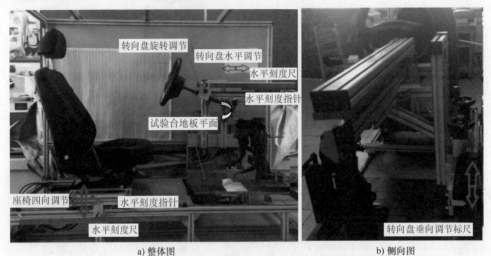

图 6-25　六自由度柔性试验台架

**1. 试验台整体坐标系确定**

以所研究车型车身坐标系作为试验台的整体坐标系，坐标系 $x$ 轴正方向指向座椅后方，$y$ 轴正方向指向座椅右侧，$z$ 轴正方向垂直于试验台地板水平面向上[33]，定义方法如图 6-26 所示。

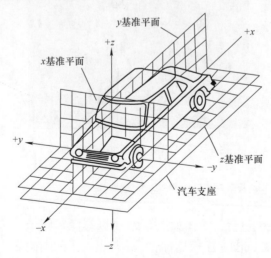

图 6-26　试验台整体坐标系的定义

## 2. 试验台初始状态的确定

实验台架初始状态定义为轿车0水平下的人机布置参数组合对应的位置。在利用三坐标测量仪确定主要参考点坐标之前,先调整主要的角度值至试验所需要的值。各角度具体测定方法如下。

(1) 转向盘与 $z$ 轴角度 A18

试验台上有对应的转向盘倾角量角器刻度板,直接进行读数调节,调节至28°。

(2) 加速踏板倾角 $\alpha$

制作一个长203mm的薄尺板,尺板的一端与初始状态的踏板面相切,切点大致在踏板面中心附近。尺板的另一端与地板接触。将角度计贴于尺板上,调整踏板倾角,直至将角度调为56.2°,具体如图6-27(见彩插)所示。

**图6-27 加速踏板倾角测量方法**

(3) 靠背角 A40 和坐垫角 A27

利用 H 点装置调节座椅靠背角和坐垫角。首先按照 SAE J4002 标准[34],摆放 H 点假人装置,依次安放 HPM 的座板总成、背板总成,安装头部空间探测杆、大腿部分、小腿部分和鞋子部分,最后按照标准次序安装 HPM 假人的骨盆、大腿。躯干处配重,安装好的 H 点装置如图6-28(见彩插)所示。

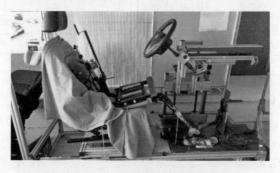

**图6-28 安装好的 H 点装置**

H点装置安装好后,将角度仪贴在座板总成平面可测量坐垫角A27,调整坐垫角直至13°,贴在背板总成平面可测量靠背角A40,调整靠背角直至25°。

接下来将试验台座椅调整到最后最低位置,并保证整个试验台固定不动,对初始试验台位置做好标记,需要记录的读数如图6-29(见彩插)所示。

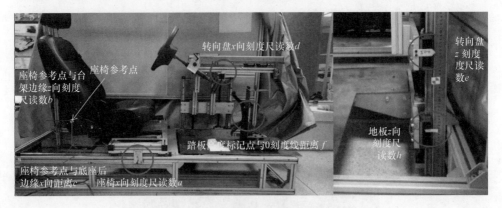

图6-29 试验台记录读数示意图

试验台最原始位置记录表如表6-11所示。

表6-11 试验台最原始位置记录表  单位:mm

| 标记点 | 刻度尺读数描述 | 读数值 |
|---|---|---|
| H点位置标记 | 座椅$x$向刻度尺读数$a$ | 792 |
| | 座椅参考点与台架边缘$z$向刻度尺读数$b$ | 200 |
| | 座椅参考点与底座后边缘$x$向距离$c$ | 265 |
| 转向盘位置标记 | 转向盘$x$向刻度尺读数$d$ | 195 |
| | 转向盘$z$向刻度尺读数$e$ | 447 |
| 踏板位置标记 | 踏板高度标记点与0刻度线距离$f$ | 0 |
| | 踏板$y$向刻度尺读数$g$ | 202 |
| 地板位置标记 | 地板$z$向刻度尺读数$h$ | 200 |

接下来,利用采用三坐标扫描仪确定关键点三维坐标。首先设定试验台上一不动点作为试验台原点,设为$O$点,同时也作为三坐标测量仪中的原点,设置其坐标为(0, 0, 0)。

利用三坐标测量仪,将整个试验台的模型扫描出来,导入Catia中,如图6-30(见彩插)和图6-31(见彩插)所示。

在ATOS Professional软件抓取试验台架主要关键点,各参考点坐标结果见表6-12。

# 第 6 章 面向驾驶人躯体舒适性的驾乘姿态设计与评价

图 6-30  三坐标扫描仪扫描试验台架

图 6-31  台架三维扫描示意图

表 6-12  关键点坐标

| 关键点 | 坐标 | 坐标值 |
|---|---|---|
| H 点坐标 | $(x_1, y_1, z_1)$ | $(1335.64, -319.82, 280.88)$ |
| 转向盘中心点坐标 | $(x_2, y_2, z_2)$ | $(872.69, -332.58, 709.18)$ |
| 踏板中心点坐标 | $(x_3, y_3, z_3)$ | $(366.29, -134.20, 149.01)$ |
| 踏板铰链点坐标 | $(x_4, y_4, z_4)$ | $(280.11, -135.59, 305.07)$ |
| 地板平面上某点坐标 | $(x_5, y_5, z_5)$ | $(541.8, -128.15, 12.75)$ |
| 座椅上某参考点坐标 | $(x_6, y_6, z_6)$ | $(1475.45, -73.04, 310.80)$ |

利用这些坐标，进行计算，得出想要达到的轿车 0 水平位置，对应的座椅、转向盘、加速踏板等的移动量，最终得出对应的轿车 0 水平试验台架各刻度尺读数见表 6-13。

表 6-13  轿车 0 水平位置对应的试验台上读数   单位：mm

| 刻度尺读数描述 | 读数值 |
|---|---|
| 座椅 $x$ 向刻度尺读数 $a_0$ | 521 |
| 座椅参考点与台架边缘 $z$ 向刻度尺距离 $b_0$ | 285 |
| 座椅参考点与底座后边缘 $x$ 向距离 $c_0$ | $-15$ |
| 转向盘 $x$ 向刻度尺读数 $d_0$ | 239 |
| 转向盘 $z$ 向刻度尺读数 $e_0$ | 529 |
| 踏板高度标记点与 0 刻度线距离 $f_0$ | 5 |
| 地板 $z$ 向刻度尺读数 $h_0$ | 295 |

最终将试验台架按表 6-13 所列出的读数进行调整，作为试验台的初始状态，利用以上方法，可以令后续人机布置参数的调整更为精确可靠，调节误差可以在 ±1mm 之间。

## 6.5.3  试验次数优化设计

实测试验为 4 因子 5 水平的试验，若采用全因子设计，则总共需进行 $5^4$ 也就是 625 次试验，试验规模过于庞大，因此需要对试验次数进行优化设计。实验优化设计方法有很多种，包括析因设计、响应曲面设计、正交设计和均匀设计等方法。

析因设计适合用于因子和水平较少的试验；正交设计的试验次数虽少，但它的精度较低，预测性差。均匀设计的每个因素和水平仅做一次试验，这需要前期大量的经验支承；响应曲面设计的每个因素和水平的重复分配均匀，且最终拟合的回归方程可以较好地预测每个因素与响应值的关系[35]。响应曲面设计中的中心复合试验设计方法（CCD）是目前最常用的方法，比较适用于多因素5水平的试验，广泛应用于车辆工程领域。因此选用CCD方法进行试验次数优化[36]。

实测试验设计为4因子5水平的中心复合试验设计，其试验设计点分别为：立方点有16个；轴向点有8个；中心点有6个，也就是在0水平处的试验重复6次。

最终以中心复合试验方法筛选出的4因子5水平的试验次数共为30次，除去5次重复的0水平实验，最终得出的轿车的25组试验组合见表6-14。

表6-14　CCD法筛选出的25组试验组合

| 试验编号 | L1/mm | H1/mm | L2/mm | H2/mm |
| --- | --- | --- | --- | --- |
| 1 | 410 | 685 | 932 | 260 |
| 2 | 410 | 625 | 932 | 260 |
| 3 | 410 | 745 | 932 | 260 |
| 4 | 366 | 685 | 932 | 260 |
| 5 | 454 | 685 | 932 | 260 |
| 6 | 410 | 685 | 912 | 260 |
| 7 | 410 | 685 | 952 | 260 |
| 8 | 410 | 685 | 932 | 220 |
| 9 | 410 | 685 | 932 | 300 |
| 10 | 432 | 715 | 922 | 240 |
| 11 | 432 | 655 | 922 | 240 |
| 12 | 432 | 655 | 942 | 240 |
| 13 | 432 | 715 | 942 | 240 |
| 14 | 388 | 715 | 922 | 240 |
| 15 | 388 | 655 | 922 | 240 |
| 16 | 388 | 655 | 942 | 240 |
| 17 | 388 | 715 | 942 | 240 |
| 18 | 432 | 715 | 942 | 280 |
| 19 | 432 | 655 | 942 | 280 |
| 20 | 388 | 655 | 942 | 280 |
| 21 | 388 | 715 | 942 | 280 |
| 22 | 388 | 715 | 922 | 280 |
| 23 | 388 | 655 | 922 | 280 |
| 24 | 432 | 655 | 922 | 280 |
| 25 | 432 | 715 | 922 | 280 |

### 6.5.4 试验步骤

**1. 试验注意事项说明**

对被测驾驶人阐述试验注意事项和要求。由于台架试验主要进行的是肌电信号的测量,需要在驾驶人身体表面贴电极片,为避免肌肉疲劳对试验数据结果造成的影响,要求所有被测驾驶人:在试验前12h内未进行任何形式的剧烈运动;在试验当天穿着宽松短袖衣物,防止衣料与电极片摩擦接触。

**2. 试验开始**

1)粘贴电极片:首先保证驾驶人要贴片的皮肤处无死皮和毛发,同时用医用酒精进行清洗,排除电极间的阻抗对试验的干扰。在筛选出的肌肉位置贴上两个电极片作为测量电极,保证二者中心点距离为2cm。在附近的关节处贴一片电极片作为参考电极,上肢选取锁骨、手肘等部位;下肢选取膝盖、脚踝等部位。

2)佩戴信号发射模块:利用呼吸绑带将发射模块固定驾驶人身上,并将每个发射模块的3根电极线夹在对应的电极片上,固定好后询问被试者是否有不适感。

3)对生理记录仪与发射模块进行无线连接:在AcqKnowledge软件中对各块肌肉的测量通道进行设置。打开发射模块和生理记录仪开关,检查发射器与生理记录仪的无线连接是否正常。

4)进行测试肌肉的标定:通过完成规定的动作,测得驾驶人肌肉最大自主收缩力(MVC)时的肌电信号$RMS_{MVC}$。

5)粘贴关节点:在驾驶人的6个关节节点处贴上不干胶圆点作为关节角度测量点。

6)台架初始状态调节:驾驶人落座台架之前,先将柔性试验台架的位置调节至初始状态。

7)正式开始静态驾驶测试:驾驶人坐上试验台架,双手以"3点钟–9点钟"的角度握住转向盘,右脚以脚跟着地的姿态踩在加速踏板上,完成标准的驾驶姿势摆放后,启动生理记录仪对驾驶人肌电信号进行测量,测试时长为30min。测试期间测量驾驶人各关节的角度并记录,测试结束后驾驶人填写主观评价表格,测试过程如图6-32(见彩插)所示。

8)改变台架人机布置参数,继续测试:初始位置测量完毕后,分别通过测量和计算,分别调节座椅$x$向、$z$向位置,转向盘$x$向、$z$向位置,踏板$z$向高度以及踏板倾角$\alpha$,即可改变相对于初始位置的H1、L1、L2、H2、PH1和$\alpha$等的参数,调整台架位置后,重复静态驾驶测试过程,使两位95百分位驾驶人进行

图 6-32  静态驾驶测试过程

轿车和 SUV 共 50 组人机布置参数组合位置试验。

9)进行 50 百分位和 5 百分位驾驶人试验:由于试验调研的人机布置参数范围为车辆的设计参数范围,也就是以 95 百分位人体尺寸为基准设计的汽车内部布置尺寸,对于其他百分位的驾驶人,一般都通过调节座椅位置,调整至自己舒适的位置,因此前面设计的 25 组人机参数组合位置是一定不满足其他 5 个百分位驾驶人的舒适性的。基于以上原因,在完成两名 95 百分位驾驶人的主观打分和肌电信号的测量后,进行舒适性分析,首先筛选出 95 百分位驾驶人的舒适位置,再进行其他百分位驾驶人的试验。另外 10 名驾驶人样本进行试验前:驾驶人先将座椅位置调节至主观最舒适位置,记录好台架的调整量,再进行静态驾驶测试试验。

## 参 考 文 献

[1] KYUNG G, NUSSBAUM M A, LEE S, et al. Sensitivity of preferred driving posturesand determination of core seat track adjustment ranges [R]. New York:SAE, 2007.

[2] BRANTON P. Behaviour, body mechanics and discomfort [J]. Ergonomics, 1969, 12 (2): 316 – 27.

[3] HERTZBERG, H T E. The human buttocks in sitting:pressures, patterns, and palliatives [R]. New York:Society of Automotive Engineers, Inc. , 1972.

[4] HELANDER M G, ZHANG L. Field studies of comfort and discomfort in sitting [J]. Ergonomics, 1997, 40 (9): 895 – 915.

[5] ZHANG L, HELANDER M G, DRURY C G. Identifying factors of comfort and discomfort in sitting [J]. Human Factors the Journal of the Human Factors & Ergonomics Society, 1996, 38 (3): 377 – 389.

[6] DE LOOZE M P, KUIJT – EVERS L F M, VAN D J. Sitting comfort and discomfort and the relationships with objective measures [J]. Ergonomics, 2003, 46 (10): 985 – 997.

[7] NORDIN M, FRANKEL V H. 肌肉骨骼系统基础生物力学 [M]. 邝适存,等译. 北京:

人民卫生出版社，2008.

[8] 郝卫亚. 人体运动的生物力学建模与计算机仿真进展 [J]. 医用生物力学，2011，26 (2)：97-104.

[9] 王正华，喻凡，庄德军. 汽车座椅舒适性的主观和客观评价研究 [J]. 汽车工程，2006，28 (9)：817-819.

[10] 马国忠，张学尽. 汽车驾驶用座椅的抗疲劳人机工程设计 [J]. 人类工效学，2004，9 (3)：34-36.

[11] INMAN V T, SAUNDERS J B D M, ABBOTT L C. Observations of the function of the shoulder joint [J]. Clinical Orthopaedics & Related Research, 1996, 330 (330)：3-12.

[12] AN K N, BERGER R A, III W P C. Biomechanics of the wrist joint [M]. New York：Springer, 1991.

[13] 侯建军. 跪式坐姿及新型办公椅的设计研究 [D]. 南京：南京林业大学，2009.

[14] AKERBLOM B. Standing and sitting posture with special reference to the construction of chairs [J]. Journal of the American Medical Association, 1949, 141 (12)：882.

[15] BARATTA R, SOLOMONOW M, ZHOU B H, et al. Muscular coactivation the role of the antagonist musculature in maintaining knee stability [J]. The American journal of sports medicine, 1988, 16 (2)：113-122.

[16] AAGAARD P, SIMONSEN E B, ANDERSEN J L, et al. Antagonist muscle coactivation during isokinetic knee extension [J]. Scandinavian journal of medicine & science in sports, 2000, 10 (2)：58-67.

[17] 2-D CAD Template for SAE J826 H-point Machine：SAE J826-2：2016 [S].

[18] Accommodation Tool Referee Point [S]. SAE J1516：1998.

[19] CHEN D C, CROLLA D A, ALSTEAD C J. A comprehensive study of subjective and objective vehicle handling behaviour [J]. Vehicle System Dynamics, 1996, 25：66-86.

[20] 邱青菊. 表面肌电信号的特征提取与模式分类研究 [D]. 上海：上海交通大学，2009.

[21] HILL A V. The heat of shortening and the dynamic constants of muscle [J]. Proceedings of the Royal Society B Biological Sciences, 1938, 126 (843)：136-195.

[22] 刁颖敏. 生物力学原理与应用 [M]. 上海：同济大学出版社，1991.

[23] 张希安，叶铭，王成焘. 基于肌骨模型的肌肉力计算方法及其面临的若干问题 [J]. 医用生物力学，2008，23 (6)：475-479.

[24] RASMUSSEN J, DAMSGAARD M. Optimization of biomechanical multibody systems [C] // The Second World Congress of Structural and Multi disciplinary Optimization, vol. 2, Institute of Fundamental Technological Research. Warsaw：[s. n.] 1997.

[25] 徐力，郭巧，陈海英. 虚拟人体运动系统建模方法研究 [J]. 系统仿真学报，2004，16 (8)：1789-1793.

[26] 郝值. 考虑人体骨肌信息的乘坐舒适性评价 [D]. 长春：吉林大学，2014.

[27] DAMSGAARD M, RASMUSSEN J, CHRISTENSEN S T, et al. Analysis of musculoskeletal systems in the AnyBody Modeling System [J]. Simulation Modelling Practice and Theory,

2006, 14 (8): 1100 – 1111.

[28] HORSMAN M D K, KOOPMAN H, VAN DER HELM F C T, et al. Morphological muscle and joint parameters for musculoskeletal modelling of the lower extremity [J]. Clinical biomechanics, 2007, 22 (2): 239 – 247.

[29] ANDERSEN M S, DAMSGAARD M, RASMUSSEN J. Kinematic analysis of over – determinate biomechanical systems [J]. Computer Methods in Biomechanics and Biomedical Engineering, 2009, 12 (4): 371 – 384.

[30] RASMUSSEN J, DAMSGAARD M, SURMA E, et al. Anybody – a software system for ergonomic optimization [C] //Fifth World Congress on Structural and Multidisciplinary Optimization. [S. L: s. n.], 2003.

[31] 杨枫, 何智成, 成艾国, 等. 基于生物力学的踏板人机工程设计研究 [J]. 汽车工程, 2016, 38 (04): 459 – 465.

[32] 王望予. 汽车设计 [M]. 北京: 机械工业出版社, 2010.

[33] 杜明芳. 车身坐标系的建立 [J]. 计量与测试技术, 2002 (02): 10 – 11.

[34] H – Point Machine (HPM – II) Specifications and Procedure for H – Point Determination – Auditing Vehicel Seats: SAE J4002: 2010 [S].

[35] 程敬丽, 郑敏, 楼建晴. 常见的试验优化设计方法对比 [J]. 实验室研究与探索, 2012, 31 (07): 7 – 11.

[36] 王永菲, 王成国. 响应面法的理论与应用 [J]. 中央民族大学学报 (自然科学版), 2005 (03): 236 – 240.